図解 知らないとヤバい!

領収書・経費精算の話

公認会計士・税理士
梅田泰宏

PHP研究所

はじめに

たかが経費精算と侮ってはいけない！

経費精算といえば……

経費精算のルールは
誰も教えてくれない

白紙の
領収書じゃ
ダメなの？

領収書を
もらい損ねたら
精算は
できない？

手書きの
領収書をもらうの
面倒だなぁ

難しくて、面倒なもの……
だと思っていませんか？

でも、経理担当者の
チェックは容赦なく厳しい

この日の
飲食代って
何人ですか？

「お品代」って
何に
使ったんですか？

年度をまたいだ
領収書は
精算できません！

でも、**「面倒だけれど、ルールだから」**で済ませてしまうのは

非常にもったいないことなのです。

経費精算の正しい知識を身につけると

★時間を大きく節約できる！

★無用なトラブルを未然に防げる！

そして……

★「経費精算もわかる人間」と一目おかれる！

存在になれます！

経費精算の知識といっても、難しくありません。

この一冊で、

「レシートは領収書の代わりになるの？」といった素朴な疑問から、

聞いたことはあるけれどよくわからない「交際費と会議費の違い」「減価償却」などの

基本的な税務の知識までもらさず理解できます。

経理や税務の知識はきっとあなたの役に立つはずです。

!?
600万円の
中古車と、新車では
節税額に
大きな差が出る！

!
会食費が、4人で2万円と
3人で2万円なら
同じ金額でも税金は
6,000円もの差が！

!
領収書が
なくても
精算は
できる！

第1章 知らないとヤバい！ 領収書・経費精算の常識・非常識

第2章

経理の本音を知れば、仕事が十倍速くなる！

第3章

なぜ、取引先との飲食代は、「一人五〇〇〇円まで」なのか？

第4章 知って役立つ！「減価償却」の話

【おことわり】本書の内容は2016年12月現在の税制、会計基準に基づいています。

第1章

知らないとヤバい！領収書・経費精算の常識・非常識

要確認！

*** No.01

レシートは領収書代わりになるの？

レシートも立派な領収書として認められる

税務申告において、**レシートは立派な領収書として認められます**。

金額しか記載されていないようなレシートではさすがにダメですが、店名、日付、品名、金額などが記載されているごく一般的なレシートであれば、領収書として十分通用します。

ですからたいていの場合は、**手書きの領収書をわざわざ発行してもらう必要はない**のです。

むしろ最近のレシートは、こと細かな品名や飲食した人数、利用時間などの詳細な情報まで記載されるので、情報の信頼度としては手書きの領収書よりも高いと言えます。

たとえば、デパートで買い物をした場合、手書きの領収書なら但《ただ》し書きは「お品代として」としか記入されません。これでは購入した商品が本当に業務に関連するものかどうか、税務署や経理担当者は判断できないわけです。

一方、明細が記載されるレシートなら、その品物が衣類なのか、文具なのか、食料品なのかといったことが、ひと目でわかります。

最近は「手書きの領収書」よりも信頼度が高い

昔はレシートに記載される情報が少なかったので、税務署も手書きの領収書を重要視していました。しかし**最近は、レシートのほうが〝税務署ウケ〟がいいケースが少なくありません**。

事実、税務調査に入った先で「これは怪《あや》しいな」と感じる手書きの領収書があると、「品物を購入したお店に赴《おもむ》き、保管されているレシートで裏付けを取る」という作業がよく行なわれています。

お店は自分たちの売上の根拠を示すために、最低でも過去三年ほどのレシートの控えを保管しています。ですから、税務調査員がお店へ行って、手書きの領収書とレシートを照らし合わせれば、手書きの領収書には「お品代として」としか書かれていないものでも、具体的な品名を確認することができるのです。

「領収書」と明記されていないレシートでもOK

最初から品名などの明細が記載されたレシートを提出していれば、税務署もわざわざ裏付けを取る手間が省けますし、企業側もあらぬ疑いをかけられずに済みます。資源節約のためにも、手書きの領収書ではなくレシートを積極的に利用しましょう。

ちなみに、**「領収書」と印字されたレシートが最近増えていますが、「領収書」と書いていないものでも十分有効**です。また、お店のハンコが押されていなくてもかまいません。要は、「商品やサービスとお金をやりとりした」という証拠さえ示せればいいのです。

ただし、社内規定で「五〇〇〇円以上の出費はレシート不可」などと決まっている場合は、そのルールに従ってください。

No. 01 CHECK

「手書きの領収書」と「レシート」はどっちがいいの？

手書きの領収書

品名など詳細情報が書かれていない

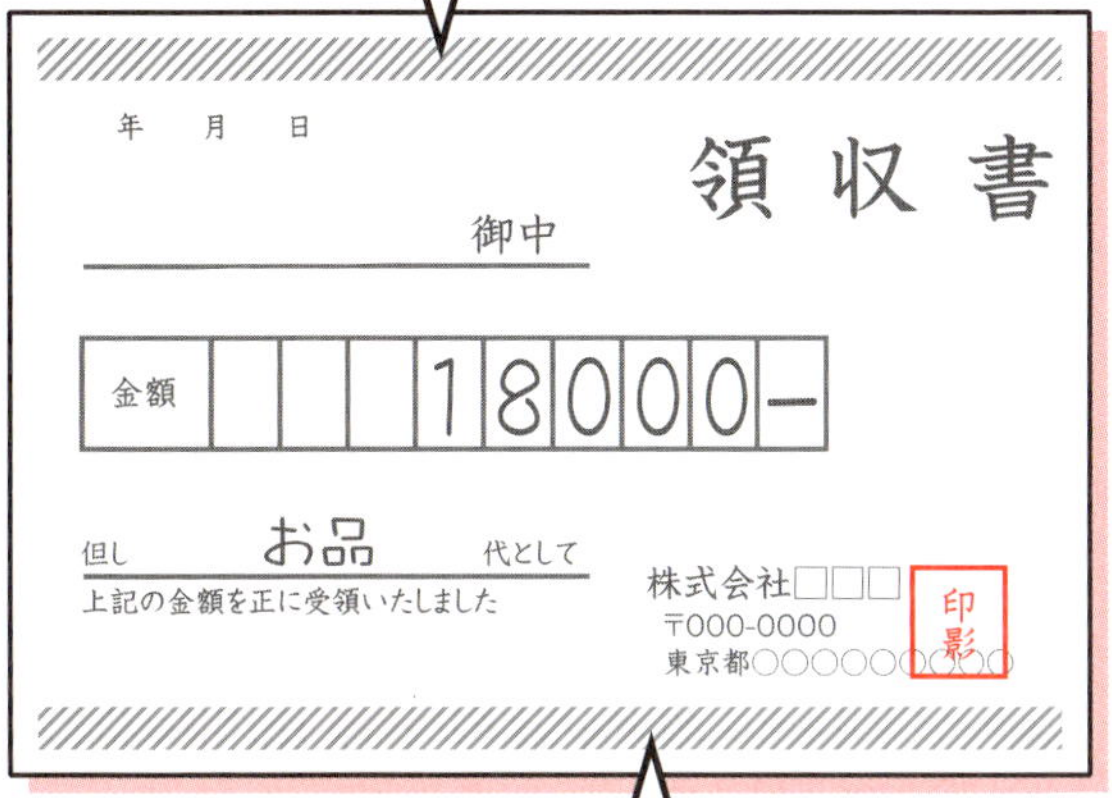

年 月 日
領 収 書
御中
金額 18000−
但し お品 代として
上記の金額を正に受領いたしました
株式会社□□□
〒000-0000
東京都○○○○○○○○○
印影

記入漏れ、ミスなども発生しやすい

お品代って具体的になんでしょうか？
金額、合っていますよね？
本当に仕事に必要だったんですか？
精算お願いします

レシート

領収書と明記されていなくても「領収書」として認められる

○○○○店 TEL:△△△△△
領 収 証
2016年 12月17日(土) 19:04
0031 ¥1,080
0021 ¥98
小計 2点 ¥1,178
(内税対象額 ¥1,178)
(消費税等 ¥56)
現計 ¥1，178
お預り ¥1，200
お釣り ¥22

最近は、店名・日付・品名などの詳細な情報も記載されている

わかりましたお疲れ様です
精算お願いします

POINT

手書きの領収書をわざわざ発行してもらう必要はない！

収入印紙を貼っていない領収書は、やはり認められない？

＊＊＊ No. 02

いざ精算しようとしたら、印紙が貼られていなかった!!

記載金額が五万円以上の領収書には、収入印紙を貼ることが求められます。領収書は、印紙税法に定められた「課税文書」に当たるからです。

ただ、お店の人がうっかり貼り忘れてしまったり、お店の側が厳密にこのルールを守っていなかったりする場合もあります。

五万円以上の備品を買って、よく確認しないまま領収書を受け取ってしまい、いざ会社で精算しようとしたら収入印紙が貼っていなかった、というのもあり得ることです。

収入印紙の貼り付け義務は「お店側」にある

だからといって、「税務署に認められない領収書をもらってしまった！」と慌てたり、わざわざもう一度お店に出向いて、収入印紙を貼ってもらうようにお願いしたりする必要はありません。

実は、**収入印紙が貼られていなくても、その領収書が無効になることはない**のです。

印紙税の納付義務は文書の作成者にあります。つまり、この場合なら、買い物をしたお店の側に納付義務があることになります。

よって、領収書を受け取った人が印紙税法違反に問われることはありません。

もし、税務調査で印紙の貼付漏れを発見されても、税務署が徴収に行くとしたら、あなたの会社ではなく、それを発行したお店のほうです。

したがって、**印紙なしの領収書を受け取ってしまっても、そのまま経理に回して精算し、税務申告をしてもらって大丈夫**です。

ちなみに、領収書に消費税額が明確に区分されて記載されている場合は、記載金額に消費税額は含めなくてよいことになっています。

トータルの支払金額が五万円でも、領収書に「50,000円　うち消費税3,703円」と明記されていれば、記載金額は「46,297円」（＝五万円未満）と見なされて、収入印紙を貼る義務は発生しません。

収入印紙のない領収書でも、何も問題ない

5万円以上の領収書には収入印紙が必要
貼付漏れの領収書を受け取ってしまった！
領収書
¥58,000
収入印紙
そのまま精算しても大丈夫！

POINT

印紙の納付義務は作成者にある

No. 03

精算伝票の記入を誤ったときの正しい訂正法は？

誤った箇所に二重線を引き、訂正印を

経費の精算伝票は、対外的な書類である見積書や契約書などに比べると、いい加減に記入してしまうことが多いものです。

しかし、これも税務処理の根拠となる立派な重要書類。ルールはきちんと守る必要があります。

記入を誤ったとき、修正液を使っての訂正は厳禁です。それではほかの人が勝手に書き換えた可能性も出てくるからです。

誤った箇所に二重線を引いてから、個人名の入った訂正印を押し、正しい数字をその上部に書き加えるのが原則です。

また、**数字については一部分のみの修正はできません**。

「5,800円」を誤って「5,700円」と記入してしまったら、「7」だけに二重線を引いて訂正することはできないということです。

この場合は、「5,700」という数字全体に二重線を引いてから、「5,800」という正しい数字を記入してください。

連番の伝票を捨ててはダメ

ただし、なるべくなら書き損じた伝票は使わず、最初から正しく書き直したものを提出するのがベストでしょう。

このとき、**書き損じた伝票を捨ててしまってはいけません**。

伝票番号はたいてい連番になっているので、どれか一枚でも捨ててしまうと、途中の番号が欠けることになります。

伝票が揃っていないと、税務調査が入ったときに、「何か都合の悪い伝票を抜き取ったのではないか」と見なされる可能性があります。それが会社全体への不信感につながり、税務署の心証を悪くする恐れがあります。

書き損じた伝票は、そのまま番号通りの箇所に、控えと一緒に差し込んで保管しておきましょう。そうすれば、「この番号の伝票が提出されていないのは書き損じたからだ」と証明できます。

「たかが伝票」と軽く考えず、ていねいに記入するよう心がけましょう。

精算伝票の正しい訂正法

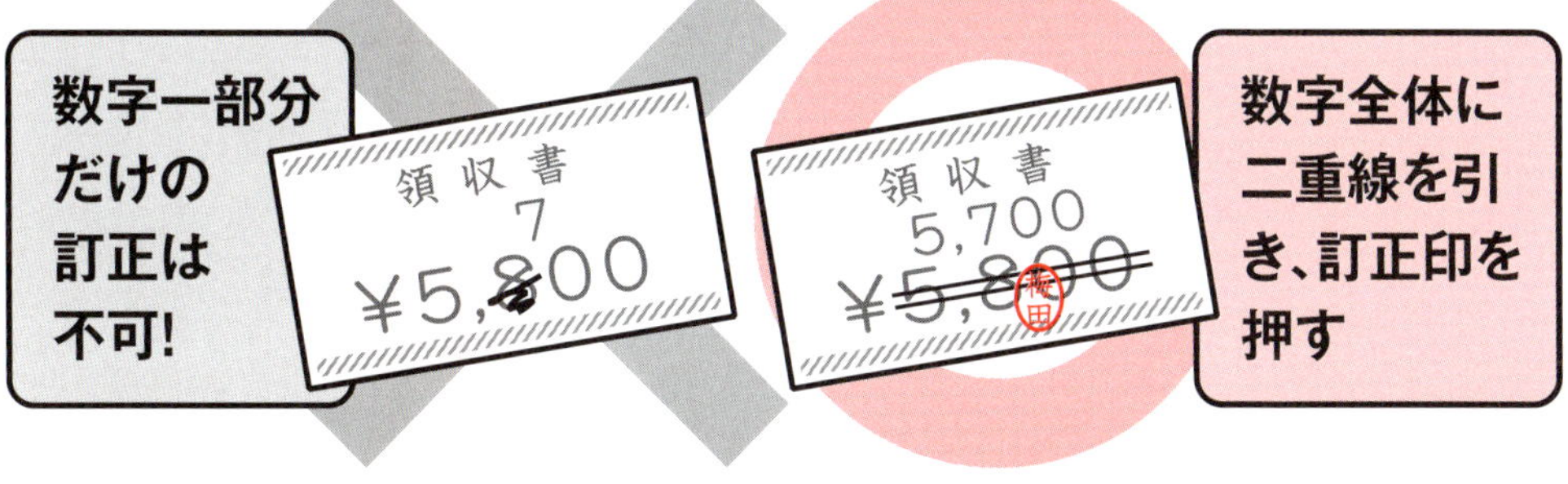

POINT ルールを守っててていねいに書こう！

No.04

印鑑（社印）が押されていない領収書は認められない？

発行者が明記されていれば、社印はなくてもＯＫ

法的には、「領収書には必ず印鑑を押さなくてはいけない」という決まりはありません。

発行者の社名と所在地が記載されていれば、たとえ印鑑がなくても、誰が領収書を発行したのかは十分証明できます。

たとえばタクシーの領収書は、いちいち印鑑などもらいませんが、正式な領収書として認められています。最近ではお店のレジから直接プリントアウトされるタイプの領収書が増えましたが、この場合も社印を押してもらうことは少ないはずです。

ただし、これも社内規定によるところが大きくなります。

「五〇〇〇円以上の領収書は、必ず発行者の社印を押してもらうこと」といったルールがあるなら、それに従うことになります。

普段はレジから領収書をプリントアウトしているお店でも、事情を説明すれば、社印の押された手書きの領収書を発行してくれるはずです。

発行する側になったときは注意を

自分の会社が領収書を発行する側になったときも、当然ながら社内規定に従ってください。

会社によっては、「領収書を発行する際は、社印だけでなく、担当者印も押すこと」などと定められていることがあります。

これは、社員や店員による不正な領収書の発行を防ぐ意味合いがあります。

レジから自動的に打ち出されるタイプの領収書でも、レジの担当者が自分のネーム印を押す欄が設けられている場合がほとんどです。これによって、その会社やお店は「誰が領収書を発行したのか」という責任の所在を明確にできるからです。

この場合、領収書そのものに、「担当者の押印がないものは無効とする」と明記されていることがあります。つまり、担当者が印鑑を押し忘れると、公的な領収書としては認められなくなるということです。

最悪の場合、税務申告のやり直しも

受け取った客がそれに気づかず、自分の会社で経費精算をしたとします。もし、その会社に税務調査が入り、領収書をチェックされて担当者印が抜けているのが発覚すれば、「この領収書は無効である」と認定されてしまいます。

そして、その領収書の経費は計上できなくなり、会社が税務申告をやり直すことになってしまう……ということもあり得るのです。

小売業や飲食業などの現場で働いていると、毎日たくさんの領収書を発行するので、ついお店の人が担当者印を押し忘れそうになることもあるでしょう。

しかしそのせいで、領収書を受け取った側に多大な迷惑をかけてしまう可能性があるということは覚えておくべきだと思います。

No. 04 CHECK

印鑑のない領収書を受け取ってしまったら

誰が発行したのかが証明できれば大丈夫!

法的には、
「領収書に印鑑を押さなくてはいけない」
という決まりはない

発行者の
● 社名
● 所在地
が記載されていれば**OK**

社内規定には要注意!

ただし……

5,000円以上の領収書には
必ず社印を押してもらうこと

担当者の押印がないものは
無効とする!

印鑑を押してもらうのを忘れてしまいました
基本的にはOKです
社名や所在地は書いてあります
でしたら、問題ありません
精算お願いします
5,000円以上は社印が必要です
前にもお伝えしましたよね……
そうなんですか!?

POINT

法的には問題なし！
でも、社内規定は確認しておこう！

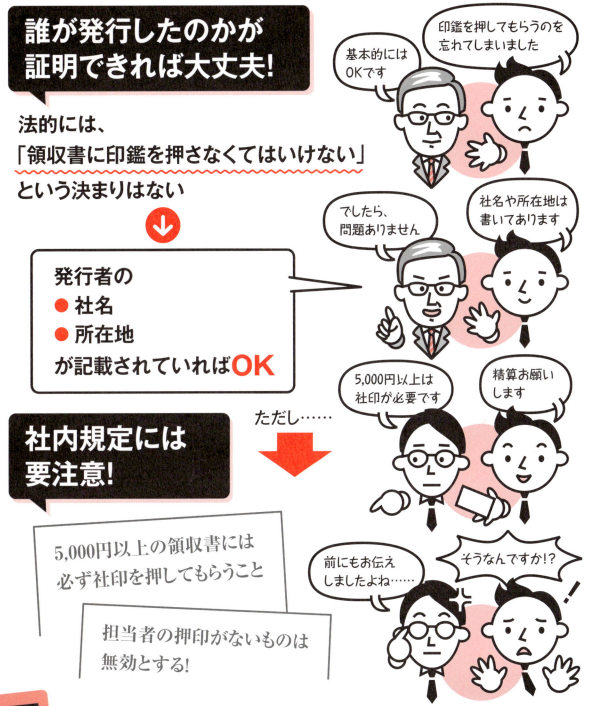

No. 05

予算オーバーの領収書を、二枚に分けてもらうのはOK？

「二枚分け」は違法になる可能性が高い危険な行為

「備品購入は一〇万円まで」という社内規定があるのに、どうしても一一万円のものを購入したい……。

そんなとき、「お店に頼んで、領収書を五万円と六万円の二枚に分けて発行してもらえばいいんだよ」などと先輩社員から言われたことはありませんか？

この「二枚分け」のテクニックが会社のなかで習慣として受け継がれ、何の疑問も持たずに実行しているサラリーマンも少なくないようです。

しかし、これは**違法になる可能性が非常に高い危険な行為**です。

「税務処理のことを考えて、領収書の額を低く抑えたい」「社内の決裁を通すために、一定の金額に収めたい」といった理由で領収書を複数枚に分けるのは、脱税行為につながります。

そのまま税務申告をすれば、「虚偽の申告をした」と見なされるのです。

「脱税」には重いペナルティが……

税務署が不正に気づいた場合、その会社に対し、正しい納税額を通知する「更正」の処分を下します。

すると会社は、本来の税額に加え、原則一〇％の「過少申告加算税」を支払わなくてはいけません。動機が悪質と見なされれば、それに代えて三五～四〇％の「重加算税」が課せられます。

納付期限を過ぎていれば「延滞税」もプラスされます。これらすべてが本来の税額に加算されれば、最終的な納税額は大きく膨れ上がります。

さらに、この不正行為が法人税法違反や所得税法違反に問われることになれば、刑事告発を受けて「十年以下の懲役もしくは一〇〇〇万円以下の罰金」となります。

脱税行為に対するペナルティは想像以上に重いのです。くれぐれも、軽い気持ちで領収書を二枚に分けないでください。

お店側が領収書を分けるのは違法にならない

では、取引先との食事代が合計で一万円だったときに、「A社が五〇〇〇円、B社が五〇〇〇円と二枚に分けて領収書をください」と頼むのはどうでしょうか。実際に割り勘で支払ったのであれば、これは問題ありません。

逆に、お店の側から「領収書を二枚に分けてもよろしいですか？」と聞かれた場合はどうでしょうか。前に述べたように、五万円以上の金額が記載された領収書には、お店が収入印紙を貼らなくてはいけません。そこでお店としては、印紙税を節約するために、五万円以上の領収書は複数枚に分けて、一枚の記載金額を五万円未満にしたいわけです。

これは一見、違法行為のように見えますが、**売上金額を減らしているわけではないので、所得税法違反にはなりません**。脱税ではなく、「節税」の範囲と捉えてよいでしょう。

会社関係の領収書は絶対ダメですが、個人的な買い物で支障がなければ、お店の節税に協力してあげてもよいと思います。

No. 05 CHECK

領収書の二枚分けは危険な行為

「二枚分け」は違法の可能性が高い

領収書 ¥110,000
「二枚分け」は脱税だった!?
領収書 ¥50,000
領収書 ¥60,000
先パイから教えてもらったんだけど……
会社関係の領収書を分けるのは非常に危険な行為です！

脱税のペナルティは非常に重い

過少申告加算税 原則 **10%**

or

重加算税（悪質な場合） **35~40%**

＋

納付期限を過ぎていれば **延滞税**

さらには刑事告発を受ける可能性も……

二枚に分けても違法にならない場合も

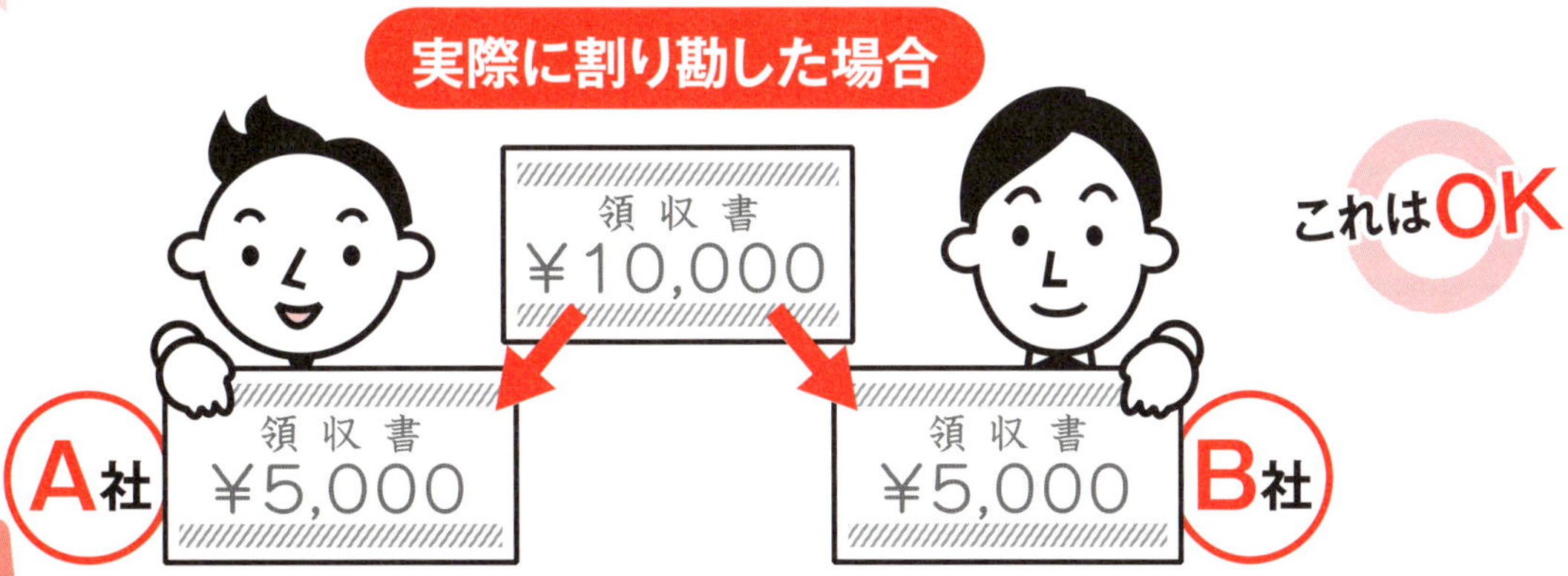

実際に割り勘した場合
領収書 ¥10,000
これはOK
A社
領収書 ¥5,000
領収書 ¥5,000
B社

POINT

「二枚分け」は違法になる可能性があると肝に銘じておこう！

No. 06

支払った金額の一部だけ領収書をもらうのはいけないこと？

経費精算のルール上は特に問題なし

取引先の人たちと四人で居酒屋へ行ったら、合計で二万四〇〇〇円かかってしまった。でも、社内規定で「飲食代が経費として認められるのは、一人あたり五〇〇〇円以下」と決められている。さて、どうしたものか……。

こんなとき、「一人あたり五〇〇〇円以下」に収めるために、「実際に支払ったのは二万四〇〇〇円だけれど、領収書の金額は二万円にしてよ」とお店の人に頼むのは、いけないことでしょうか。

結論から言えば、特に問題はありません。

これはつまり、社内規定で認められた金額（一人五〇〇〇円×四人＝二万円）までは経費として精算し、残りのお金（四〇〇〇円）はその人が「自腹を切る」ということ。会社に規定以上の出費をさせるわけでもなく、実際に支払った以上のお金を会社から不正にもらおうとしているわけでもありません。

会社に迷惑をかけるわけではないし、社内的には決裁のルールを守っていることになるのですから、その領収書で精算をしてもかまわないでしょう。

お店側の社内規定によっては断られる場合も

ただし、お店側が応じてくれるかどうかは、ケース・バイ・ケースです。

実際の売上金額はレシートで確認できますから、手書きの領収書の金額が支払金額より少なくても、税務処理の際に「数字のつじつまが合わない」などと問題になることはありません。

それでも、お店側が断ることはあり得ます。お店側の社内規定で「領収書の額面は必ず実際の支払金額と同じにすること」などと定められていることがあるからです。特にチェーン店など大きな組織になると、社内規定もこと細かに定められている可能性があります。

この場合は潔《いさぎよ》くあきらめるしかないでしょう。

「自腹を切る」なら大丈夫!

実際の支払金額
¥24,000
これはOK!
自腹だけどね……
社内規定内
領収書
¥20,000
社内規定外
¥4,000

POINT

お店に断られなければ、問題なし！

「白紙の領収書」を渡されたとき、自分で記入するのはOK？

＊＊＊ No. 07

最悪の場合、懲役に処される可能性も

白紙の領収書をもらって、実際に支払った額よりも多い数字を書き込み、その差額を自分のものにすれば、会社に対する詐欺《さぎ》・背任・業務上横領などの違法行為になります。刑法では、詐欺罪は「十年以下の懲役」、背任罪は「五年以下の懲役または五〇万円以下の罰金」、業務上横領罪は「十年以下の懲役」に処されます。

軽い気持ちでしたことが、重いペナルティにつながる可能性があるのです。

「支払った金額以下の金額を書き込むならいいだろう」と思うかもしれませんが、これもきわめて危険な行為です。

一六ページで、「支払い金額の一部だけを領収書でもらってもＯＫ」と述べましたが、これはあくまでお店の了承のもと、お店の人が領収書に書き込む場合です。**金額の大小にかかわらず、自分で領収書に記入するのは絶対にやめましょう。**

税務調査では「筆跡」までチェックされる

なぜなら、税務調査が入った場合、手書きの領収書は筆跡までチェックされるからです。

違うお店なのに、同じ筆跡で書かれた領収書が何枚も出てきたら、その会社全体の領収書・経費精算の信頼性が疑われます。

サービスのつもりなのか、お店のほうから「自分で書いて」と白紙の領収書を渡されるケースもあります。

しかし、たとえ正しい金額を書いたとしても、手書きの領収書の場合は税務調査でチェックされる危険性があることに変わりはありません。

はっきりと断り、**必ずお店の人に記入してもらいましょう。**

自分で領収書に記入するのは絶対NG!

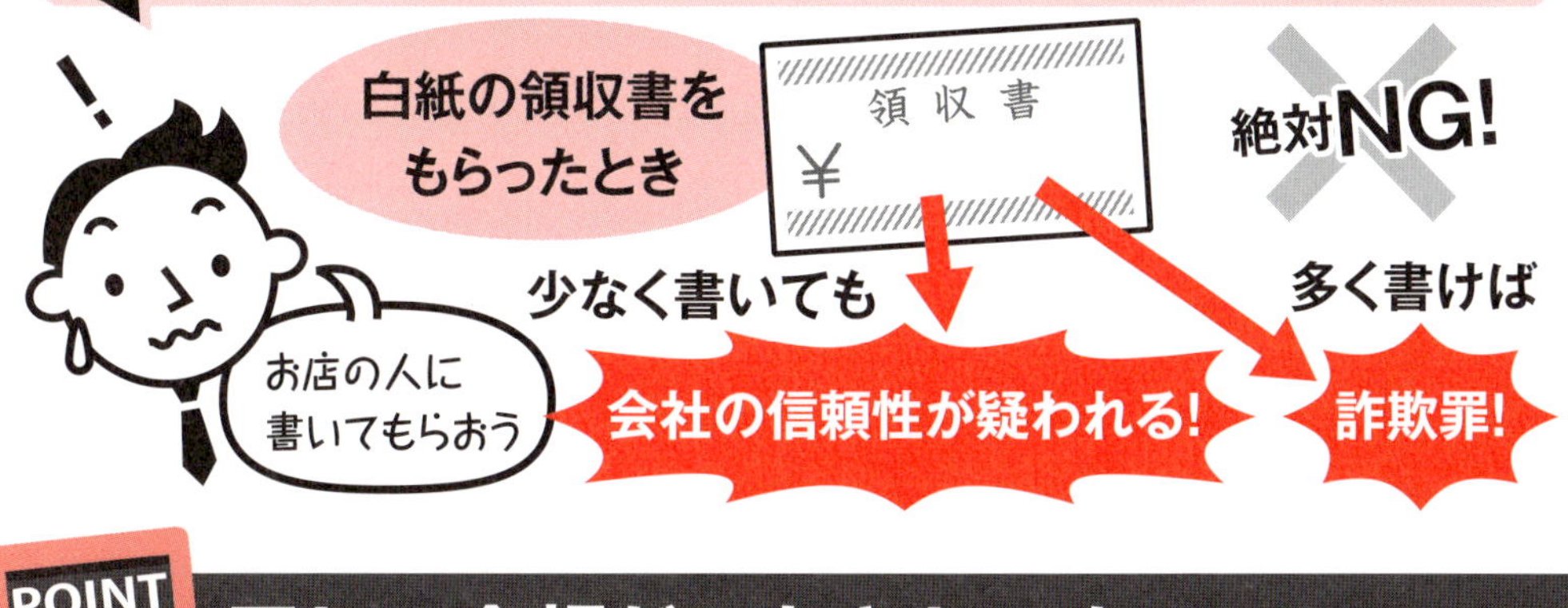

白紙の領収書をもらったとき
領収書
¥
絶対NG!
少なく書いても
多く書けば
お店の人に書いてもらおう
会社の信頼性が疑われる!
詐欺罪!

POINT

正しい金額だったとしても、大いに問題あり！

No. 07

領収書の間違いを自分で加筆・修正してもいい？

＊＊＊ No. 08

記入漏れがあっても、必ずしも無効にはならない

精算しようと思って領収書をよく見たら、但し書きや日付が抜けていた、ということはよくあります。

抜けがあったからといって、その領収書が無効になるかと言えば、必ずしもそうとは言えません。

たとえば飲食店の領収書なら、但し書きが抜けていたとしても「これは飲食代だろうな」と推測できます。同様に、オフィス用品店の領収書なら、「事務用品を買ったのだろう」と推測できるでしょう。

この場合は、但し書きがなくても、社内の精算は通る可能性が高くなります。

それ以外にも、納品書などがあれば、それを添付して提出するという方法もあります。そうすれば、領収書に記入漏れがあっても、買った品物や日付などを証明することが可能です。

「宛て名は空欄でいいよ」は当然よいことではない

一番よくないのは、自分で勝手に書き加えたり、修正したりすることです。

「白紙の領収書」の項でも説明した通り、自分で領収書に書き込むのは非常に危険性が高い行為です。

一枚の領収書のなかに、複数の筆跡が交じっていれば、「何か不正をしたのでは？」と疑われても仕方がありません。

レジで支払いの際に、時間がないのか面倒なのか、「宛て名は空欄でいいよ」と言っている人をよく見かけますが、あとで社名を自分で記入しているなら、それも当然よいことではありません。時間がないなら、わざわざ手書きの領収書を頼まず、レシートをもらってきたほうが税務上の信頼性は高くなります。

自分で加筆・修正するのは絶対避けるべき

宛て名に入れる社名を、お店の人が間違って書いてしまうということもあります。口頭で説明していると、違う漢字を書いてしまったり、大文字を小文字で表記してしまったり、といった間違いはよく起こります。

その場で気づけば直してもらえるのですが、「会社に戻っていざ精算しようとしたときに初めて気づいた」というケースも少なくありません。

そんなときも、領収書には絶対に自分で手を加えないようにしてください。**どうしても書き直しや加筆が必要なら、お店に持っていくなり、郵送するなりして、お店の人に修正してもらう**ようにしましょう。

では、どうしてもお店の人に修正してもらうことが難しい場合はどうすればいいか。そうした場合は、「領収書の宛て名の記載を発行元が書き間違えた」という内容の簡単な報告書を作成し、それを添付して精算するというのがベターな対応です。

会社によっては、精算伝票の備考欄にその旨を書けば経理がおおめに見てくれることもあるでしょう。

領収書に間違いがあったとき

1 記入漏れがあっても

- 納品書などで買った品物や日付を証明できればよい

2 宛て名を間違われたら

- お店の人に直してもらうか報告書を添付する

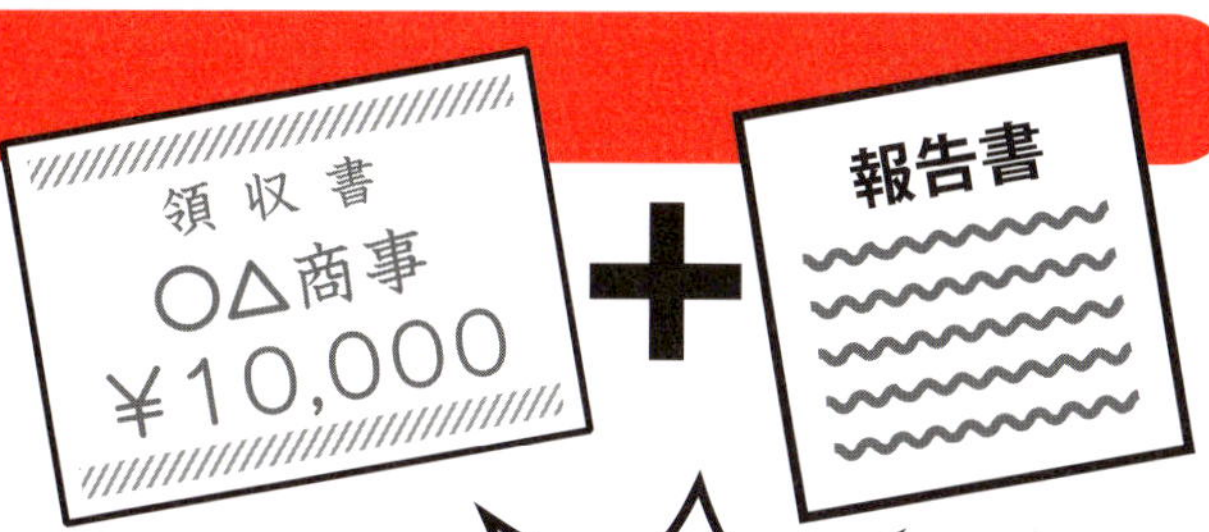

3 略称でもOK?

- 金額が大きいものは正式名称を記入してもらうほうがよい

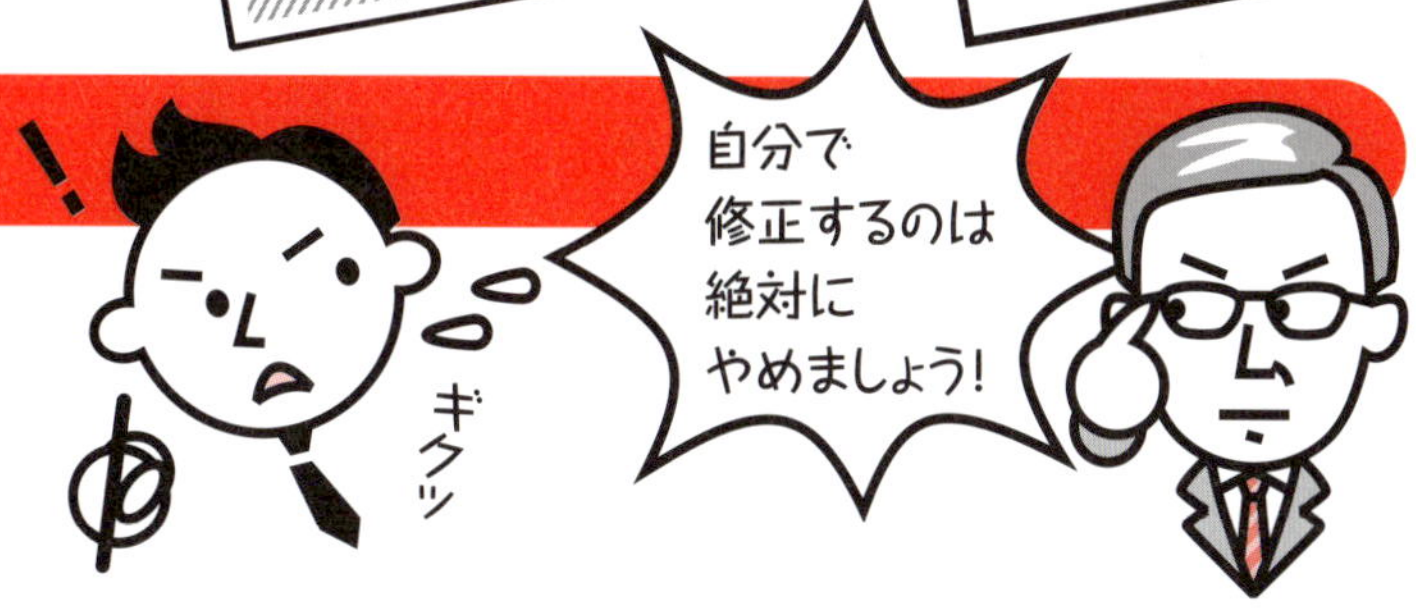

POINT 自分で修正しないで、ほかに証明できるものを探してみよう

いずれにせよ、自分で加筆したり、修正したりすることだけはやめましょう。

金額が大きい場合は正式名称で

宛て名欄には、絶対に正式名称を記入してもらう必要があるかというと、これは、その領収書の持つ重みにもよります。

数千円程度の金額であれば、略称でも特に問題はないでしょう。

「上様」が通るくらいなのですから、略称がダメということはありません（もちろん、正式名称がわからないような略し方はダメですが）。

ただし、**金額が大きくなれば、やはり正式名称を記入してもらったほうがよい**と思います。

金額が大きな領収書は、税務調査の際に目に留まる可能性が大きくなります。その際に、きちんと正式名称が入っていれば、会社全体への信頼度も高くなるからです。

＊＊＊ No. 09

領収書を紛失してしまったら、もはやあきらめるしかない？

代用できるものはいろいろあるがコピーはNG

「レシートの説明」の項でも述べたように、「領収書」と印字されたものだけが、領収書の役目を果たすわけではありません。客観的に見て、お金のやりとりがあったという証拠を示せるだけの材料があれば、税務申告でも認められます。

つまり、**「税務申告では手書きの領収書しか認められない」というのは大きな誤解**なのです。実際、「領収書の代わりになるもの」「領収書の役目を果たすもの」は、意外とたくさんあります。

たとえば、支払いを現金振込で済ませた場合は振込明細書が、預金口座から振り込んだ場合は通帳の記録が、領収書代わりに使えます。その他、領収書代わりになるものについては、次項以降で詳しく説明します。

したがって、**領収書を紛失しても、それに代わるものがあれば問題ない**ということです。

ただし、**領収書のコピーは認められません**。コピーには内容を改ざんする余地があるからです。

たとえば、数字の「1」に線を書き足して「7」にしたとしましょう。オリジナルのままなら、うまく改ざんしたつもりでも痕跡を見抜くことは難しくありません。しかし、オリジナルを改ざんし、それをコピーしたものだと非常にわかりづらくなります。

それに「コピーもOK」となれば、一枚の領収書を何枚もコピーして、何度も繰り返し精算することができてしまいます。

実際には一度しか精算していなくても、「その可能性がある」ということが問題なのです。税務調査が入ったときにコピーが見つかれば、確実にアウトです。

「念のために領収書のコピーをとっておいて、オリジナルを紛失したらコピーのほうを提出すればいい」というわけにはいかないのです。

お店に領収書を再発行する義務はない

領収書を紛失し、それに代わるものもないとなれば、お店に再発行をお願いするしかありません。

ただし、お店側に再発行の義務はありません。「なくしたのはあなたの落ち度であって、うちでは応じられません」と言われれば、それまでです。

お店が再発行に応じてくれたとしたら、それはあくまでサービスなのであって、客の側が強要できることではないのです。

特に、そのお店で本当に買い物をしたのかどうか、証明できるものを持ち合わせていない場合は、再発行をしてもらうのはなかなか困難です。

領収書のほかにレシートやクレジットカードの利用明細も受け取っていて、それらを保管してあれば話は別ですが、それ以外に「その店で、いつ、どんなものを、いくら購入したのか」を証明するものはありません。

ですから、「いざとなれば再発行してもらえばいい」などと気楽に考えるのはやめておいたほうが賢明です。

No. 09 CHECK

領収書をなくしてしまったら

税務申告では
手書きの領収書しか
認められない

大きな誤解

お金のやりとりが
あったことを示せれば
よいのです

領収書の代わりになるものは意外に多い！

○○薬局	ご利用明細票	○×銀行	お買い上げ明細
レシート	クレジットカードの利用明細	ATMの振込証明書	ネット通販の確認メール

など

ただし……

領収書のコピーは不可！

- 改ざんする余地がある
- 何度も繰り返し精算できる

お店に再発行の義務はない！

- 応じてくれたとしてもあくまでサービス

POINT

領収書を紛失してもすぐにあきらめない

No. 10 クレジットカードの明細でも、領収書の代わりになるの？

クレジットカードの利用明細でも原則ＯＫ

クレジットカードで支払いをすると、通常は利用明細を発行してくれます。その上で、頼めば手書きの領収書も別途発行してくれます。

領収書がある場合は、そのまま経費の精算に使えばよいのですが、**もし領収書を紛失しても、カードの利用明細を領収書の代わりに使うことができます**。

では、領収書とカードの利用明細の両方をなくしてしまった場合は、どうでしょうか。その場合は、**カードの請求明細書を利用することも可能**です。

カードを利用すると、一カ月分の利用状況を記録した請求明細書が送られてきます。それによって、お金を支払ったことを客観的に証明できるわけです。

請求明細書を使うのは最終手段

ただし、請求明細書を使うのは最終手段と考えてください。

税務調査があった場合、領収書や利用明細を紛失した状況や見つからない事情を説明し、税務調査官の理解を得る必要が出てきます。

調査官を納得させるのは、それほど簡単なことではありません。せめて利用明細があれば、そんな余計な労力を使わずに済みます。

また、消費税計算の際にもやっかいな問題があります。「クレジット会社が発行した請求明細書だけでは消費税の課税計算はできない」というのが税務署の見解です。**クレジットカードで支払った場合には、必ずお店が発行した領収書やカードの利用明細を保管し、それを税務申告に使う**ようにしてください。

カードの利用明細は領収書の代わりになる

POINT 領収書やクレジットカードの利用明細は大切に保管しよう

No. 11

メールをプリントアウトしたものは、領収書代わりになる？

確認メールや取引画面のプリントアウトも可

ネット通販で商品を購入すると送られてくる取引内容の確認メールや、ウェブ上に表示された取引画面のプリントアウトも、領収書の代わりになります。

これらのメールや画面上では、金額や日付、商品名はもちろん、「誰がお金を支払ったのか」という個人名も明記されるので、一般的な領収書よりも情報量は多いと言えます。

領収書の宛て名には会社名を入れますが、代金を支払ったのが本当にその会社の社員かどうかを確認することはできません。しかしネット通販の場合は、メールなどの内容から、間違いなくその人が購入者であることを証明できます。

会社の備品などをネットショップで購入した場合、メールや取引画面上ではその人の個人名が「購入者」となりますが、それを会社の領収書として処理しても大丈夫です。

社内規定で「法人名での購入品しか認めない」などと決められている場合は別ですが、税務上は特に問題ありません。

「納品書」だけでは領収書の代わりにはならない

ネット通販を利用する際に、むしろ注意が必要なのは、商品に同梱《どうこん》されている納品書や出荷明細書の扱いです。

これらはあくまでも「商品を納品しました」という証明であり、「代金を受け取りました」ということを証明するものではありません。ですから、**納品書や出荷明細書を単独で領収書代わりに使おうとしても、社内規定に引っかかる可能性があります。**

経費として精算する場合は、やはり取引内容確認のメールや取引画面をプリントアウトしたものを領収書代わりとし、必要であれば納品書や出荷明細書を補足として一緒に提出すればよいでしょう。

メールやウェブの取引画面も領収書の代わりになる

納品書や出荷明細書は「補足」として提出しよう

No. 12

領収書を発行してもらえない出費を精算するには？

お祝い金や香典は、袋の表書きをコピーして精算できる

取引先が主催する会費制のパーティーなどに出席した場合、領収書の発行を頼みづらいこともあるでしょう。また、仕事上の付き合いで慶事や弔事に参列した際のお祝い金や香典も、当然ながら領収書をもらうわけにはいきません。

このような場合でも、その出費を税務上、適切に処理することは可能です。要は、「お金を支払った」という事実が証明できるものがあればOKなのです。

取引先のパーティーで支払った会費なら招待状が、新年会や忘年会なら開催を告知するメールのプリントアウトが証明になります。お祝い金や香典は、袋の表書きをコピーしておきましょう。**領収書を発行してもらえなかった場合でも、すぐにあきらめず、お金のやりとりを証明できる材料を探してみてください。**

法律で決められたフォーマットはない

領収書には、「絶対にこれでなくてはいけない」と決められたフォーマットがありません。

文具店などで市販されている領収書の用紙を使ってもいいし、ワードやエクセルを使って自分で作成してもかまいません。ネット上には、ダウンロードして使える領収書のテンプレートも数多く公開されています。

ただし、「最低限これだけは記入されていないと領収書として認められない」というものはあります。書式についての決まりはありませんが、書き方や記載内容については決まりがあるということです。

領収書に必ず記載すべき項目は左図の通りです。

これらさえ明記してあれば、書式や体裁にかかわらず、領収書として成立します。何度か述べてきたことの繰り返しになりますが、「お金のやりとりがあった」という証明さえできればいいからです。

ずさんな印象を与えるものは避ける

では極端な話、A４のコピー用紙に手書きでこれらの必要項目を書いたとしても、領収書として成立するのでしょうか。

法的に言えば「成立する」ということになるでしょう。

ただし、税務調査が入ったときのことを考えると、そのような領収書は避けたほうがよいのは誰にでもわかるはずです。

まるで走り書きのメモのような領収書が何枚も出てくるようでは、その会社のお金の管理そのものがいい加減に行なわれているような印象を与えてしまうのは言うまでもありません。

やはり**領収書は、世間で一般的に使用されている書式やフォーマットに準じたものを使うとよい**でしょう。

No. 12 CHECK

領収書を発行してもらえない場合は？

お祝い金も精算できる

開催を告知するもの　**支払ったことを証明するもの**

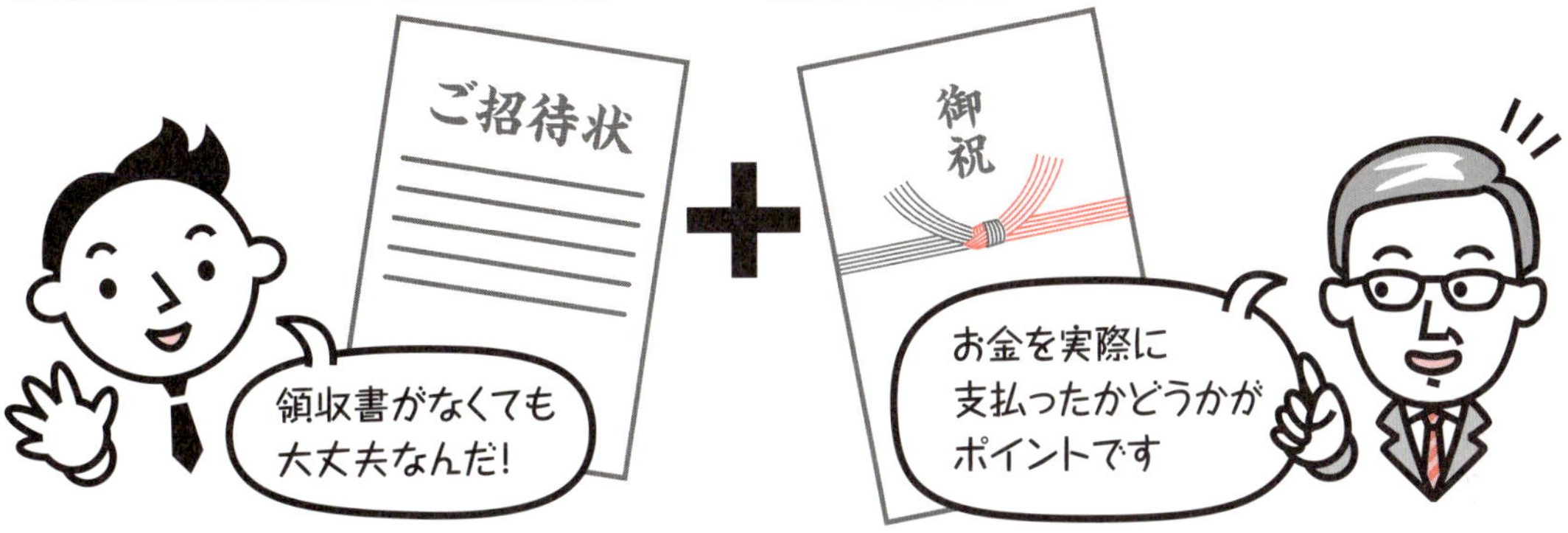
ご招待状
御祝
領収書がなくても
大丈夫なんだ！
お金を実際に
支払ったかどうかが
ポイントです

領収書には決まったフォーマットがあるわけではない

領収書に必ず記載すべき項目

- 宛て名
- 日　付
- 受領金額
- 但し書き
- 発行者（会社名と所在地）
- 収入印紙と割り印（5万円以上の場合）

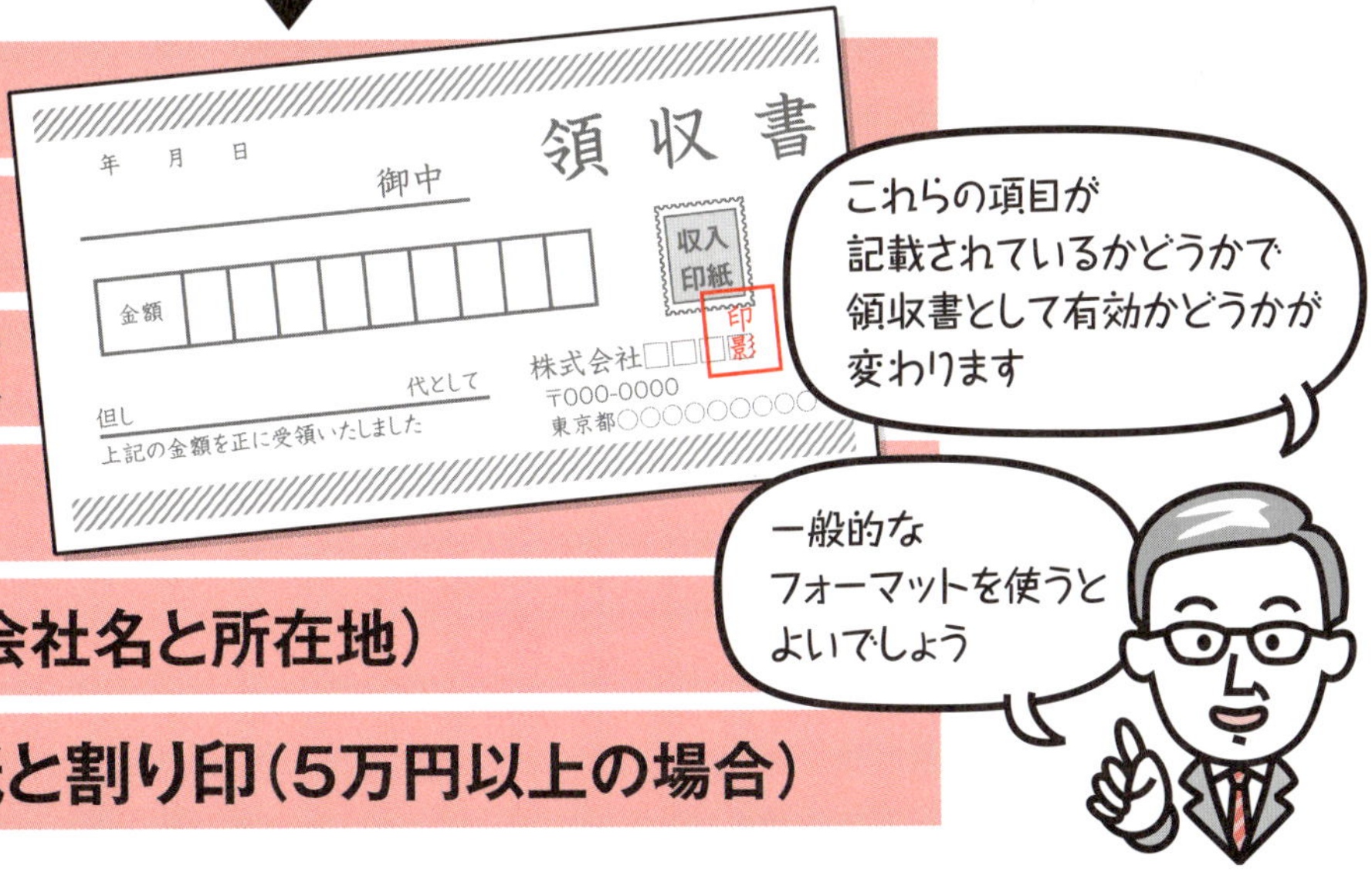
領　収　書
年　月　日
御中
金額
収入印紙
印影
但し
代として
上記の金額を正に受領いたしました
株式会社□□□
〒000-0000
東京都○○○○○○○○○
これらの項目が
記載されているかどうかで
領収書として有効かどうかが
変わります
一般的な
フォーマットを使うと
よいでしょう

POINT

お金のやりとりがあったことを証明できるものを探そう！

＊＊＊ No. 13

会社の経費で貯まったマイルやポイントは、本来どう処理すべき？

マイルやポイントは、税務の専門家も要注目のテーマ

よく聞かれる質問ですが、実はこの問題は、税務の専門家の世界でも「今後大きな議論の的《まと》になるだろう」と言われています。

仕事で出張するとき、飛行機のチケットを自分のクレジットカードで購入し、あとで経費として精算するというケースは多いと思います。

この場合、当然ですが、個人としては単にチケット代を立て替えただけであり、実際にお金を出しているのは会社ということになります。

ただし、チケット購入に伴うマイルは、個人のカードに加算されます。出張の多い人なら、マイルがどんどん貯まっていくはずです。

また、会社の備品などを個人のクレジットカードで購入した場合も、カードのポイントはやはり個人に加算されます。さらには、楽天やアマゾンなどのネットショップや家電量販店など、いまやあらゆる場面で買い物をした際にポイントが発行されます。その人はカードを使って、**一時的に会社の出費を立て替えただけなのに、ポイントは自分の名義でいくらでも貯められる**のです。

では、みなさんはそのマイルやポイントをどのように処理しているでしょうか。

「出張で貯まったマイルを使って、ときどき家族で旅行を楽しんでいる」という人もいるかもしれません。逆に、「仕事の経費で貯めたマイルを、私用で使うことは禁止されている」という会社もあるでしょう。

なかには、「会社では特に規定がないので、直属の上司次第。上司がOKと言えば、マイルを私用に使ってもかまわない」という会社もあるようです。

「マイル＝現物支給のボーナス」と見なされ、課税対象になる可能性も

しかし、このマイルやポイントは、本当に個人のものとして使ってしまってよいものなのでしょうか。

これはいわば、会社の経費を使ったおまけのサービスを、個人が受け取っているということになります。そのマイルを使って旅行や買い物をするということは、見方を変えれば、会社が「ボーナスを現物支給している」と捉えることもできるわけです。

もし「会社の経費を使ったことによって加算されたマイル＝現物支給のボーナス」という解釈が成り立つなら、そのマイルは税務上、「給与」と見なされます。

そうなれば、所得税法ではマイルも課税の対象となります。同時にマイルの分だけ、毎月の給与から源泉徴収される額も増えることになります。

給与をもらっているサラリーマンにとっては、あまりいい話とは言えません。

「ただでさえ給料が増えないんだから、それぐらいはおおめに見てよ」と言いたくなる人も多いでしょう。

マイルを給与と解釈するかどうかは、専門

No. 13 CHECK

マイルやポイントの扱いは議論の分かれるところ

POINT いつ課税対象になってもおかしくないと覚えておこう！

家の間でもまだ議論の分かれるところです。

しかし、これだけマイルが普及し、個人に加算されるポイントも大きくなると、税務署としても見過ごすわけにはいかなくなるでしょう。**理論上は「会社のお金を使って個人が便益を受けている」ことには変わりはない**ので「そこは厳しくチェックしていくべきだろう」という声が強まってもおかしくはありません。

ある日突然、「精算時のマイル申告」がルール化される!?

もし国税庁が鶴のひと声で「今後はマイレージやポイントを重点的にチェックしろ」という方針を打ち出せば、現場の税務調査官たちもそれに従うことになります。そうなれば、会社としても社内規定を変えて対応せざるを得なくなります。

もしかしたら、ある日突然、「出張の旅費精算をする際は、加算されたマイレージも申告すること」というルールができるかもしれません。

現在はまだ議論の過程であり、マイルやポイントの扱いが曖昧《あいまい》なために見逃されていますが、**いつ課税対象となってもおかしくない状況にある**ということは覚えておいたほうがよいでしょう。

No. 14

飛行機や新幹線など、高額の旅費精算に領収書は必要？

旅費精算に領収書がなくても税務上は特に問題なし

航空券や新幹線のチケットなどの旅費精算に領収書が必要かどうかは、社内規定によります。「必要」と定められているなら、それに従うべきです。

税務上からすれば、領収書は特に必要ではありません。

金額が大きい場合は、領収書があったほうが経理担当者や税務調査員に対する心証は良いかもしれませんが、「絶対になくてはいけない」というわけでもありません。

その人が実際に出張に行ったことを、申請書や報告書などで社内の人たちが認識できているのであれば、必要な交通費がかかることは当然だと見なされます。

その場合は、別に領収書がなくても何も問題はないでしょう。

格安チケットを買った場合はどうなる？

では、チケットショップなどで格安航空券や新幹線チケットを購入し、会社には正規の金額で精算した場合はどうでしょうか。

その差額をちょっとしたお小遣いとして自分の懐に入れてしまおう、というのは、もちろん倫理上はほめられたことではありません。

しかし、社内規定で「出張旅費については、一律正規運賃で精算すること」と定められていれば、実際に買ったのが格安チケットでもルールに反してはいないことになります。

逆に、社内規定で「新幹線のチケット代は、必ず領収書を添付すること」と定められているなら、どちらにしても交通費をごまかすことはできません。

これについては、**経理部がどのように交通費を処理しているかという運用の問題**になります。

いずれにせよ、**経費の精算は社内規定に従うというのが大原則**です。

高額の旅費でも領収書は必要ないが……

航空券
新幹線チケット
税務上はなくてもOK
ただし……
社内規定では必要です
注意

POINT

旅費の精算は社内規定によるところが大きい

定期券の使用区間にもかかわらず、交通費を請求してしまったらどうなる？

No. 15

「交通費の二重請求」は経理の基本的なチェック項目

交通費を精算するとき、「定期券の使用区間の交通費も、うっかり請求してしまった」という経験がないでしょうか。

「うっかり」ならまだ悪意はありませんが、なかには意図的に二重請求する確信犯も少なくないようです。

多くの人は「こんなに細かいところまで経理もチェックしないでしょ」と軽く考えているようですが、とんでもありません。**「交通費の二重請求がないか」というのは、経理担当者の基本的なチェック項目**です。

現在は経費の精算もIT化やシステム化が進んでいます。

中小企業では、まだ手作業のところも多いかもしれませんが、少なくとも大企業では、二重請求や金額ミスがないかを簡単に確認できるシステムを導入しているところがほとんどです。

交通費の精算伝票を手書きではなく、社員が各自でパソコンに入力してオンライン上で処理する会社であれば、間違いなく経理担当者が厳しく目を光らせているはずです。

ほかの経費精算にまで疑いの目を向けられる恐れも

もし、**交通費の二重請求が発覚すれば、それが意図的なものではなくても「この人はいい加減な精算をする人だな」と経理担当者に目をつけられてしまいます**。すると交通費だけでなく、ほかの経費の精算についても疑惑の目を向けられて、ほかの人よりこと細かにチェックされるようになります。

面倒なようでも、ルールにのっとって正しく精算するよう心がけることが、経理担当者に信頼されるための必須条件だと考えてください。

交通費の二重請求は、基本的なチェック項目

POINT
小さな金額だとしても二重請求すると目をつけられやすい

No. 16

領収書の金額を「漢数字」で書くことがあるのはなぜ？

漢数字なら金額を改ざんしにくい

お店によっては、領収書の金額を「金壱萬円也」「金参千弐百円也」などと漢数字で記入することがあります。

これは、**金額の改ざんを防ぐため**です。「一万円」を表記する場合、算用数字なら「¥10,000」となりますが、「¥」と「1」の間のスペースに「1」を書き加えれば、簡単に金額を改ざんすることができてしまいます。

しかし、漢数字で「金壱萬円也」と表記されていれば、ほかの数字に書き換えることは容易ではありません。

もともと漢数字は、小切手に金額を記載する際に使われてきました。

あとで現金化される小切手の額が改ざんされたりしたら、大変なことになります。

会社が「¥100,000」で振り出したはずの小切手が、銀行に回ってきたときにもし「¥1,100,000」になっていたら、その会社は一〇〇万円も多く現金を引き出されてしまうことになります。

ですから、絶対に改ざんされないための策として、漢数字で記入する慣習が続いてきたのです。領収書にも漢数字で記入する人がいるのは、その名残《なごり》です。

金額の頭に「¥」、末尾に「ー（ハイフン）」を書く理由

算用数字で領収書の金額を記入する場合も、改ざんしにくくするよう、独特の決まりがあります。

まずは**3桁ごとにカンマ（,）を入れること**。そして、**数字の頭に「¥」を**、**末尾にハイフン（ー）をつけること**。これらは改ざんを防止するための工夫です。金額を記入する際は、**「¥」やハイフンと数字の間をできるだけ空けない**ように注意しましょう。

ちなみに漢数字で記入する場合は、数字の頭に「金」、末尾に「也」をつけます。一万円の領収書なら「金壱萬円也」となります。

金額を改ざんされないための決まり

① 漢数字で書く場合

頭に「金」

領収書
金壱萬円也

末尾に「也」

一、二、三ではなく壱、弐、参を使う

② 算用数字で書く場合

頭に「¥」

領収書
¥10,000—

末尾に「—」

3桁ごとにカンマ(,)を入れる

POINT

領収書の改ざんを防ぐ独特の決まりを知っておこう！

＊＊＊ No. 17

レシートに記載された商品のうち、一部だけを精算することはできるの？

一部を抜き出して集計表や報告書を作る

書店に行ったとき、仕事の資料として使う専門書とプライベートで読む小説を一緒に購入したが、一度に会計したのでレシートを一枚しかもらわなかった……。

この場合、専門書の金額だけを経費として精算することはできるでしょうか。

レシートなら明細が記載されているので、専門書と小説がそれぞれいくらだったのかを証明することは簡単です。あとは、その精算を会社に認めてもらえるよう処理すればよいということになります。

レシートの一部を精算するための書式が社内規定で決められているなら、それにのっとって処理します。

特に決まった書式がなければ、その一部だけを抜き出して、集計表や報告書を自分で作ればよいでしょう。そうすれば、経理担当者に「これが経費として精算したい金額です」とひと目で示すことができます。

それをレシートと一緒に精算に回せば、たいていの会社では問題なく処理してもらえるはずです。

社用と私用に分けてレシートをもらう習慣を

とはいえ、いちいち集計表や報告書を作成するのは時間がかかりますし、大変な作業です。

できれば、一度に支払いをする場合でも、**会社の経費として精算するものとプライベート用に購入するものとを区別し、レシートを二枚に分けて発行してもらう習慣をつけましょう**（この「二枚分け」は違法ではありませんのでご安心を）。

そのときは面倒なようでも、後々の処理を考えれば、結局はそれが一番ラクで手間のかからない方法だと言えます。

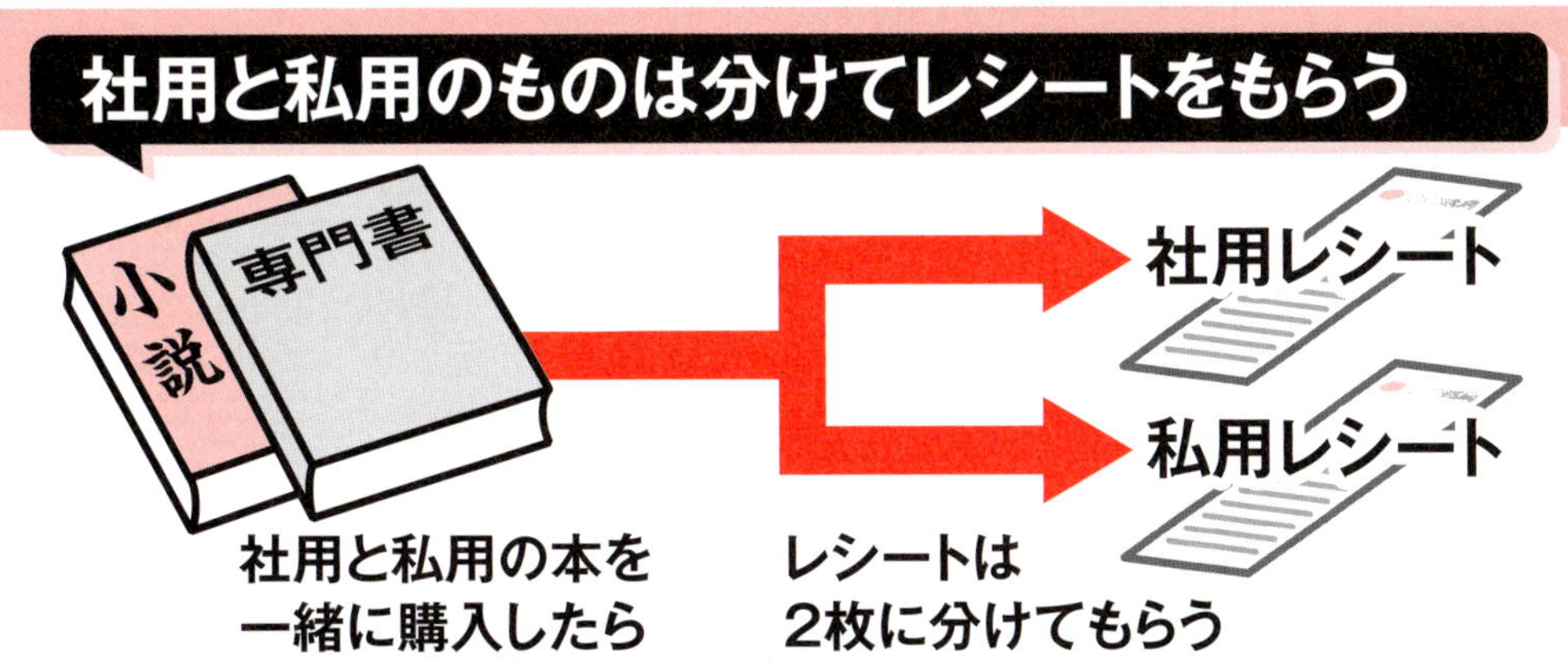

社用と私用のものは分けてレシートをもらう
小説
専門書
社用レシート
私用レシート
社用と私用の本を一緒に購入したら
レシートは2枚に分けてもらう

POINT
経理の流れを知っておけば、あとあとラクになる

No. 17

No. 18 半年前の領収書でも精算できる？

同年度内であれば、税務上は精算が可能

税務のルール上から言えば、その領収書の日付が現在の日にちと同年度内であれば精算できます。

三月末が期末の会社であれば、「ある年の四月一日から翌年の三月三十一日まで」は「同年度」と見なされます。今日が三月三十一日であれば、半年前の「九月三十日」も同年度です。よって、今日の日付で精算伝票を切れば、九月の日付が入った領収書も、税務上は今年度の経費として処理できることになります。

ところが、**期末をまたぐと、精算は難しくなります。**

今日が四月一日であれば、半年前の十月一日は「前年度」ということになります。この十月の領収書は、前年度の会計に計上しなくてはならないというのが税務上のルールです。

新年度になってから前年度の日付の領収書が回ってきても、経理担当者がすでに前年度の会計処理を終えていたら、その領収書はもう処理できません。

「期末をまたぐかどうか」がポイント

ですから**「半年前」と言っても、「期末をまたぐかどうか」で事情は大きく変わってきます。**この「期末と経費精算のルール」については、第2章でさらに詳しく説明します。

とはいえ、これも**社内規定が定められていれば、それに従うべき**です。

「領収書の日付から一カ月以内に精算伝票を経理に回すこと」などと定められていれば、いくら同年度内であっても、半年前の領収書は認められません。

会社というのは、組織のルールを優先して動くもの。「どうしてこの領収書はダメなの？」と文句を言う前に、精算期限について社内規定で定められているかどうか、一度きちんと確認してみてください。

半年前の領収書でも同年度内なら精算できる

半年前のものですけど精算できますか？
3/31
年度内なので OKです
期末をまたがなければ半年前のものでも精算可
期末
4/1
昨日のものですけど精算できますか？
期末をすぎたのでNGです
期末をまたぐと精算不可

POINT

「同年度内」に計上できればルール上は問題ない

どうしても年度内に精算できなかったらどうすればいい？

＊＊＊ No. 19

正当な理由があれば精算可能

　出張続きで地方を転々としている間に、三月の期末をまたいでしまった。出張中の経費を精算できるのは、四月初旬に本社に戻ってからになってしまう……。

　こんな事情がある場合、前年度分の経費を精算することはできないのでしょうか。結論から言えば、**経理が指定した締日までに精算できなかった正当な理由があり、その遅れが常識的な範囲内であれば、たいていは精算可能です。**

　先ほどの例のように、ずっと出張が続いていたケースは、「期末をまたいでもやむを得ない理由があり、その遅れも常識的な範囲」と判断できるでしょう。経理にきちんと事情を説明すれば、ちゃんと精算してくれると思います。

前年度の会計処理がすでに終わっていたら、時すでに遅し

　では、**「ここを過ぎたら、いかなる理由があっても精算してくれない」という最終デッドライン**はいつなのでしょうか。

　経理がすべての会計処理を終えて決算書を作成させるまで、つまり前年度の会計処理を終えるまでには、当然ある程度の時間がかかります。その期間内であれば前年度の決算数字はまだ固まっていないので、期末日を過ぎて精算伝票を回しても、なんとかお願いすれば精算をしてもらえる可能性があります。逆に、前年度の会計処理がすでに終わってしまっていたら、もはやあきらめるしかないでしょう。

　期末日からどのくらいで会計処理が終わるかは、会社によりまちまちです。

　ただ**税法では、事業年度の最終日である「期末日」の翌日から二カ月以内に**、決算書と法人税申告書を作成し、税務署に提出しなくてはいけないことになっています。したがって、**三月末が期末の会社であれば、五月末が提出の締め切り**ということになります。

正当な理由があれば期末をまたいでも精算できる

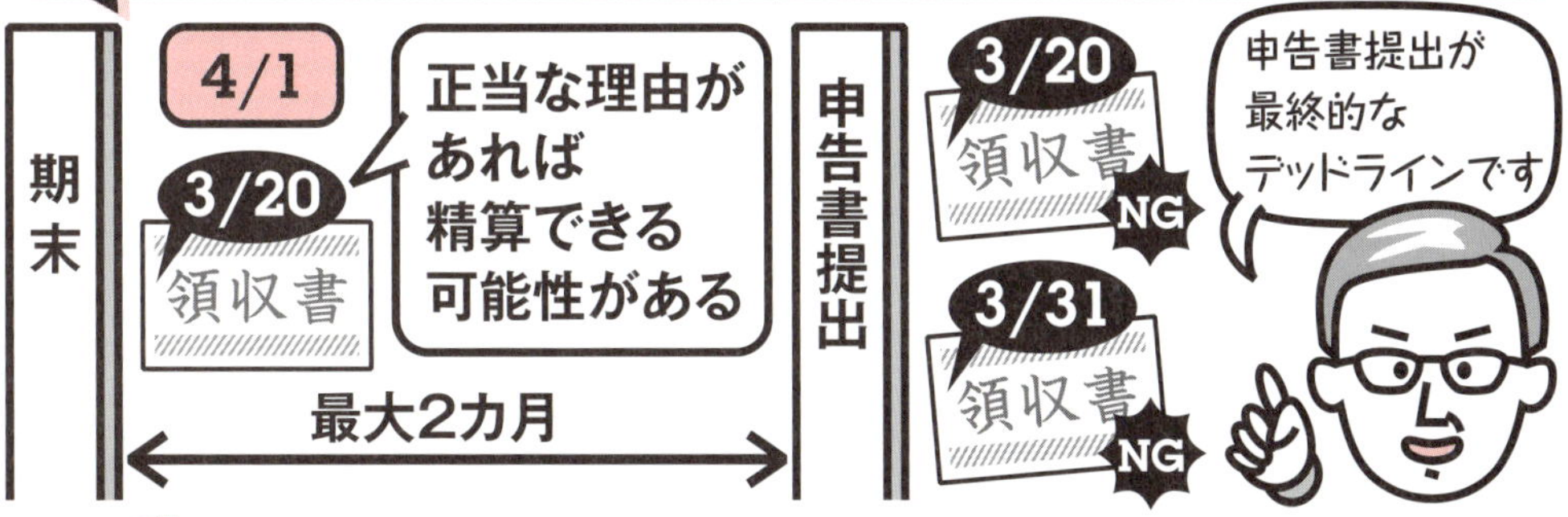

期末
4/1
3/20
領収書
正当な理由が
あれば
精算できる
可能性がある
最大2カ月
申告書提出
3/20
領収書
NG
3/31
領収書
NG
申告書提出が
最終的な
デッドラインです

POINT 会計処理が終わっていたらあきらめるしかない

No. 19

Column

「税務調査」ってどんなことをするの？ ❶

「うちの会社に税務調査が入ったらしいよ」

そんな話を耳にすることはあっても、経理の仕事をしたことがない限りは、実際にどんなことが行なわれているのか目にしたことがないという人がほとんどでしょう。

税務調査はすべての会社に入るわけではありません。

日本には現在、約四〇〇万社もの法人があるのですから、そのすべてを調査するのは現実的に不可能です。

ですから、まずは提出された書類上の情報から、税務調査に入る対象を絞り込みます。

税務調査に入るべきかどうかを判断するポイントになるのは、例年とは異なるイレギュラーな数字の動きがないかという点です。

「ここ数年、売上が横ばいだったのに、今年度は急に売上を伸ばしている」

「この年に限って、土地や建物など大きな資産の購入が多い」

こうした目立った動きがあると、「この数字の背景に何があるのか、裏付け調査が必要だ」という判断が下されるきっかけになります。

もしくは、同業他社との比較もきっかけになります。

「この業界は全般的に不振だったのに、この会社だけ大幅に収益を伸ばしている」といった突出した数字の動きがあれば、やはり税務調査の対象になりやすいと言えます。

もう一つ、個々の会社の決算数値とはまったく別の理由で、税務調査の対象になるケースがあります。

それは、税務署が特定の業種を重点的に調査する方針を打ち出した場合です。

個々の業績によって調査の対象にするかどうかを判断するのは正攻法と言えますが、それでは対象を絞り込むまでに時間がかかり、なかなか効率が上がらないという側面もあります。

そこで税務署では、「今年は建設業を重点調査対象とする」などと決めて、提出された書類の内容にかかわらず、ある特定の業種の会社に対していっせいに税務調査に入ることがよくあるのです。

第2章

要確認！

経理の本音を知れば、仕事が十倍速くなる！

No. 20

経理がどうでもいいような細かいことまで聞いてくるのはなぜ？

必ずしも不正を疑っているわけではない

「このタクシーの領収書、自分が移動するために使ったときのものですか？　それとも、お得意様の送迎に使ったものですか？」「領収書の但し書きにある『お品代』って、具体的には何を購入しました？」

精算伝票を回したら、経理からこんな問い合わせがきたことはないでしょうか。

経理部以外の一般のビジネスパーソンにしてみれば、「そんな細かいことまで、わざわざ聞かなくてもいいだろう。それとも、不正を疑っているのか……」などと思うかもしれません。

しかし、経理が細かいことまで聞いてくるのは、必ずしも**あなたの不正を疑っているからではありません**。ほとんどの場合、そうした**細かい点を確認しないことには「自分の仕事（＝経費精算の処理）が先に進まない」**からなのです。

No. 20 CHECK

細かい確認ができないと仕事が進まない

精算伝票には具体的な内容を書く

仕事（＝経費精算の処理）が先に進まないだけで、疑っているわけではない

「勘定科目」がわからないと、経理は精算伝票を処理できない

経費とひと口に言ってもさまざまな種類がありますから、あなたの精算伝票を処理するとき、経理は**「経費の種類」ごとに分類**を行ないます。

この**分類をするときの項目を「勘定《かんじょう》科目」**と言い、「水道光熱費」「交際費」「旅費交通費」「減価償却費」などと細かく決まっています。

そして経理は、「交際費はいくら」「旅費交通費はいくら」と、勘定科目ごとの合計額も算出しなくてはならないのです。

ですから、経理が精算伝票を処理する際には、**「この経費はどの勘定科目に該当するか」**を一件ごとに仕分けなくてはいけません。

ここでやっかいなのは、**「同じ領収書でも、その目的や内容次第では、まったく別の勘定科目になる」**ということです。

たとえばタクシーの領収書は、本人が通常業務で使ったものなら「旅費交通費」ですが、お得意様の送迎に使ったタクシー代なら「交際費」になります。タクシーの領収書が回ってきても、**きちんとした説明が書かれていなければ、それが「旅費交通費」なのか「交際費」なのかを経理は判別することができません。**

そのため、本人に直接、「このタクシー代はどんな目的で使ったものですか?」といちいち確認する必要が出てくるわけです。

経費の種類ごとに分類している

○×商事　様
¥ 5,800－
(株)□□タクシー

仕分ける

「経費の種類＝勘定科目」が
わからないと先に
進められないのです

勘定科目	具体例
会議費	打ち合わせや会議にかかる支出
通信費	電話・切手代・インターネット利用料
水道光熱費	電気・水道・ガス代など
消耗品費	OA用品・椅子・ロッカー・机など
交際費	得意先接待における支出
旅費交通費	電車・バス・タクシー代など
減価償却費	ソフトウエア、備品など固定資産の償却費

POINT
同じ領収書もその内容次第で別の勘定科目になる

＊＊＊ No. 21

経理も本音を言えば「いちいち聞きたくない！」

「お品代」だけでは勘定科目がわからない

同様に、経理担当者にとって勘定科目を判別しにくいのが、但し書きに「お品代」としか記入されていない領収書が添付されてきたときです。

これだけでは、購入した品も購入の目的もわかりません。

購入したのが社内で使う事務用品なのか、得意先への贈答を目的としたものなのか。社員の福利厚生を目的としたものなのか。可能性はいくらでも考えられますし、それによって仕分ける勘定科目も「消耗品費」「交際費」「福利厚生費」とそれぞれ違ってきます。

すると結局、本人に直接問い合わせるしかなくなるわけです。

細かく要件を記入しておくことが、結局は時間の節約になる

経理担当者が精算伝票に関して問い合わせをするとき、精算した本人から喜ばれることはほぼ一〇〇%ありません。仕事を中断させることになりますから、冷たい反応をされることがほとんどでしょう。だから経理担当者も、「できれば細かいことをいちいち聞きたくない」のです。

しかし、一般のビジネスパーソンにしてみれば「そんな細かいことまでわざわざ聞かなくてもいいだろう」と思うようなことでも、**それを確認しなくては経理の仕事は先に進みません。**多くの経理担当者は、内心「イヤだなあ」と思いながらも、仕方なく精算した本人に問い合わせをしているのです。

精算伝票を書くときに細かい要件まで記入するのは面倒だと思うかもしれませんが、そうすることで結局は、**精算した本人も経理担当者も、お互いに余計な時間や労力を取られずに済む**のだということを理解しておきましょう。

たとえばタクシー代の領収書であれば、最初から精算伝票に「××商事の○○様を接待した際に利用」と書き添えてあれば、経理担当者も「これは交際費だな」と、すぐにわかります。

本人に確認を取る手間も省けますし、精算した本人も**経理からの電話につかまって仕事を中断させられるというイライラを感じずに済みます。**

また、何かの物品を購入して手書きの領収書をもらうときは、次の二つのことを忘れずに行ないましょう。

❶領収書の但し書きの欄に「具体的な物品名」を記載してもらう（例：「コピー用紙代として」）

❷精算伝票の備考欄などに「使用目的」を書き添える（例：「営業部の忘年会の景品として」）

使用目的を書き添えるのが大切なのは、**品名だけでは購入目的が判別できない**ケースがあるからです。たとえば、領収書の但し書きに「電卓代として」とあっても、実は備品としてではなく、社内の忘年会の景品として買ったという場合も考えられます。前者なら「消耗品費」ですが、後者なら「福利厚生費」になります。

No. 21 CHECK

雑な精算伝票を書くと余計な時間と労力がかかる

面倒だからといって細かいことを記入しないと……

経理から問い合わせの電話が頻繁にかかってくる

▼

仕事を中断させられてイライラする

経理に嫌われ、目をつけられる

詳細をしっかり記入しておけば

経理から問い合わせの電話がかかってこない

▼

仕事を中断させられることがない

POINT

経理が知りたいのは「具体的な物品名」と「使用目的」

No. 22

経理から見た「良い精算伝票・悪い精算伝票」

経理が嫌うのはこんな「精算伝票」

経理担当者にとって「悪い精算伝票＝こういう精算伝票は勘弁してほしい」というのは、どのようなものなのでしょうか。

当たり前ですが、次のような精算伝票を経理は嫌います。

●**字が読みにくい**……解読に苦しむような汚い字で書かれていれば、処理するのに時間もかかりますし、ストレスもたまります。

●**上長の承認印が押されていない**……社内規定によっては「五万円以上の領収書を精算する際は、部長の承認印をもらうこと」などとルールが定められていることがあります。必要な承認印が押されていないと、経理は「これは本当に精算してよいものなのか」と迷ってしまいます。

●**伝票の記入項目に漏れがある**……これは解説するまでもないでしょう。

また、一つ前の項で解説したように、「どの勘定科目に該当するかがわからない精算伝票」も、経理にとっては悪い精算伝票です。

「悪い精算伝票」の常習犯には、チェックが厳しくなる

一方、経理にとって「良い精算伝票」とは、**「いちいち本人に問い合わせなくても経費の内容を正しく把握でき、スムーズに処理できる伝票」**です。経理担当者は、毎日何十枚という精算伝票や領収書を処理しなければなりません。したがって、自分たちの作業がスムーズにはかどるような経費精算をしてくれる人は何よりありがたいと感じます。

逆に、自分たちの仕事を滞《とどこお》らせたり、無駄な作業を増やしたりするような精算をする人にはあまり良い印象を持たなくなるのが人情というものです。

それが常習犯ともなれば、経理担当者の間で**「あの人が回す伝票は要注意だからね！」などと目をつけられる**ことになってしまいます。

経理の天敵は「経費精算をためる人」

経理が嫌うのは、なんと言っても**「経費精算をためる人」**です。

月末や年度末が近くなると、経理の仕事はとても忙しくなります。そうしたときに、どかっとまとめて精算伝票を回してくる人がいたら、その人に対する印象が悪くならないはずがありません。

もう一つは、**「何度言っても、必要項目をきちんと記入してくれない人」**です。

繰り返しになりますが、記入漏れがあると、経理は処理を先に進めることができず、精算した本人にわざわざ問い合わせをしなくてはいけません。

それがたまになら、誰にでもうっかりということはありますから、まだ許せます。しかし、何度言っても同じような記入漏れをするような人には、「いい加減にしてよ！」という気持ちになって当然です。

経理は、領収書や精算伝票を通じて、その人を見ています。

精算をためがちな人はズボラに見えますし、いつも記入漏れの多い伝票を回している人は「何か隠したいことでもあるのでは」と怪しく感じるようになるものです。

経理から目をつけられやすい、悪い「精算伝票」

1 字が読みにくい

解読できないような
汚い字のため、問い合わせ
ないとわからない

○×商事　様
領収書
￥10,000－
但し　飲食　代として
×××店

2 上長の承認印がない

必要な承認印がないと、
精算してよいのか
わからない

本当に仕事に
必要な経費？

3 記入漏れがある

物品名や使用目的が不明。
何度言っても
必要項目を書いてくれない

何の接待だったか
忘れちゃったし、
とりあえず出しちゃえ

4 何枚もため込む

とくに月末や年度末の
忙しい時期に
まとめて回されると大変

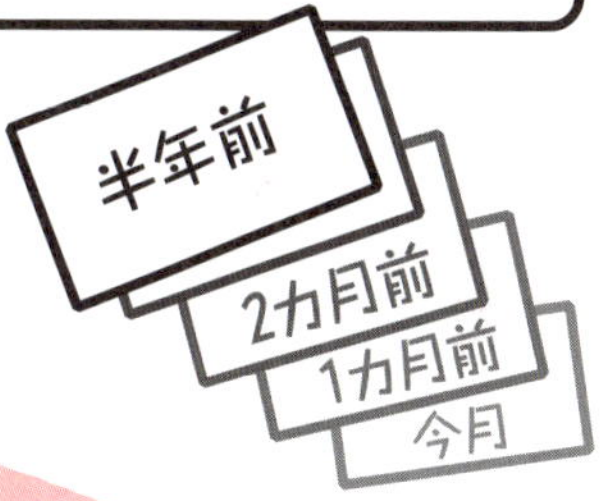
半年前
2カ月前
1カ月前
今月

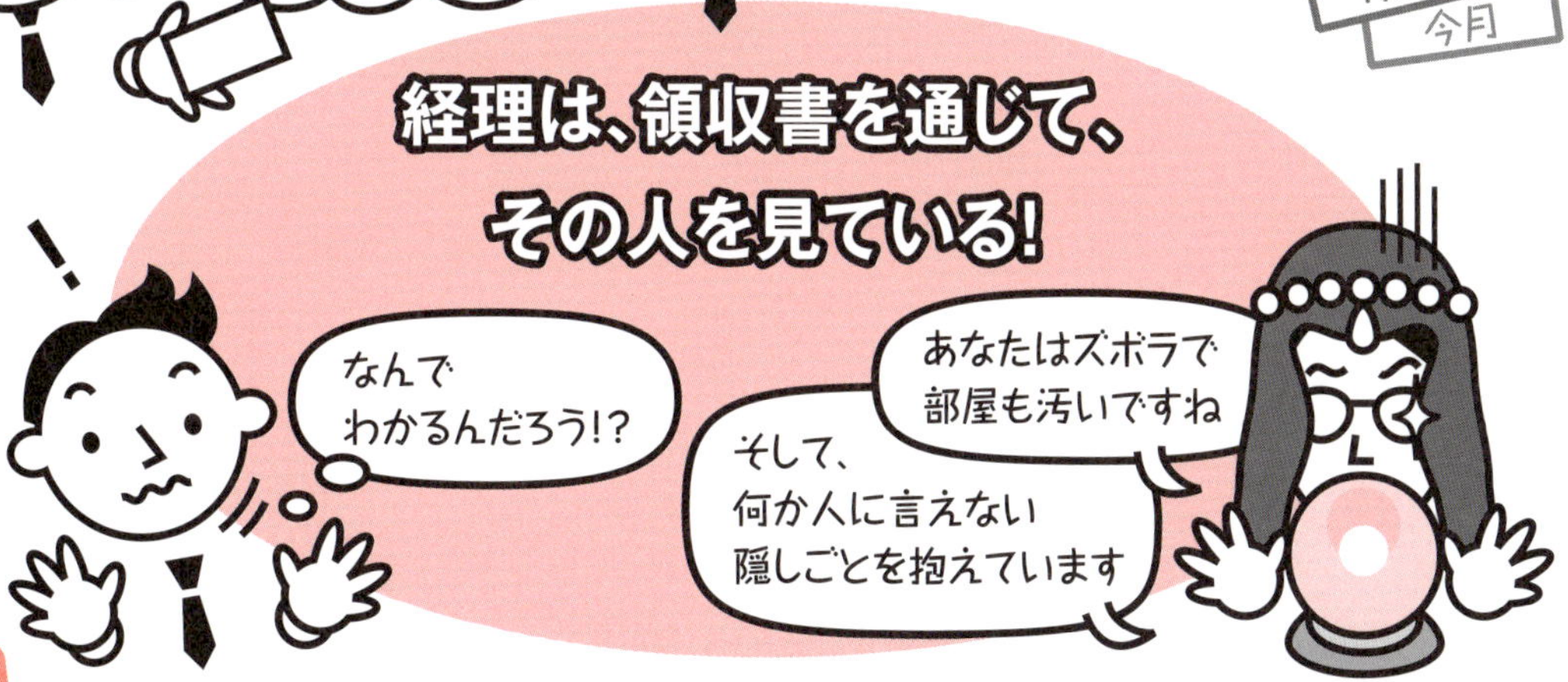
経理は、領収書を通じて、
その人を見ている！
なんで
わかるんだろう!?
あなたはズボラで
部屋も汚いですね
そして、
何か人に言えない
隠しごとを抱えています

POINT

経理の天敵は「記入漏れ伝票」と「経費精算をためる人」

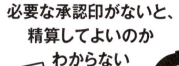

No. 23 経理は領収書・精算伝票のここを見る！

「出費の目的」が曖昧な精算伝票には疑惑の目が

経理がまずチェックするのは、「この経費が本当に業務に関係するものなのか」という点です。

裏を返せば「個人的な買い物に使ったお金ではないのか」ということには厳しく目を光らせています。

言うまでもなく、経費精算をして社員に戻ってくるお金は、会社のお金です。経理はいわば、会社のお金を出し入れする窓口になるのですから、会社のために立て替えた費用であることを最も重視するのは当然のことです。

では、経理に「私的な買い物に使ったんじゃないの？」と疑われるのは、どんな精算伝票や領収書かというと、結局は**購入の目的や詳しい品名がわからないもの**ということになります。

本当に仕事に関するものなら、**「どんな目的で、何を購入したのか」を最初からはっきり記入しておけばよい**のです。

記入漏れがあったり、曖昧な記入の仕方をしたりすると、「はっきりと書けない理由が何かあるのか」とあらぬ疑いをかけられる原因になります。

不正はこうして発覚する！

次に、領収書の信用性も経理がチェックする重要なポイントです。

第1章でも領収書として成立する条件について紹介しましたが、それをきちんと満たしているかどうかを経理はちゃんと見ています。

「本当にこのお店が発行した領収書か」「勝手に金額を書き換えたりしていないか」といった点は、特に注意深く確認を行ないます。もし、架空の領収書や偽造した領収書を精算してしまって、税務調査のときに発覚すれば、**会社全体の信用性が疑われることになる**からです。

不正の手口としてよくあるのは、飲食店などの領収書を自分で偽造するというものです。

今は街の判子屋でゴム印を簡単に作れますから、飲食店名や住所の入った印鑑を勝手に作り、それを市販の領収書に押せば簡単に偽造できてしまいます。それに金額を書き込んで「取引先の人と飲みに行った」と言えば、気づかれずに精算できてしまう可能性もあるわけです。

ただし、同じ筆跡の領収書が何枚も出てくる、あるいは同じ店の領収書ばかりが頻繁に回ってくる、といったことをきっかけに、不正が発覚するケースが多いようです。また、不審に思った経理担当者がその人の上司や同僚に行動を確認して、当日に取引先の接待などしていなかった事実が明らかになることもあります。

経理担当者は何千枚、何万枚という領収書を見ているプロですから、**偽造などの不正はいつか見抜かれるものと思ったほうがよい**でしょう。

No. 23 CHECK

経理は「領収書」として成立する条件を満たしているかを見る

疑われる領収書や精算伝票

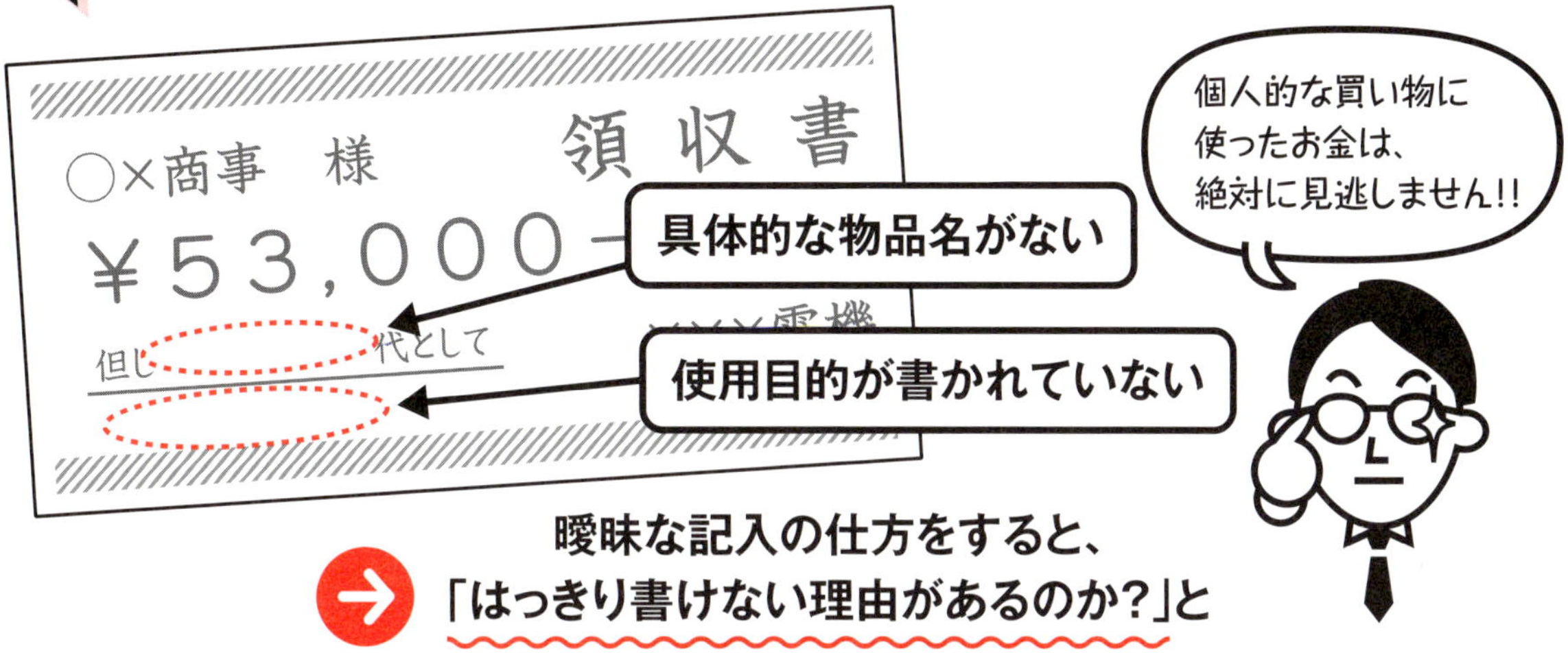
○×商事　様
領収書
¥53,000－
但し　代として
×××電機
具体的な物品名がない
使用目的が書かれていない
個人的な買い物に使ったお金は、絶対に見逃しません!!

曖昧な記入の仕方をすると、「はっきり書けない理由があるのか？」と疑われてしまう

経理は何千枚、何万枚と領収書を見ているプロ

よくある不正「領収書の偽造」
領収書
¥10,000－
×××亭
同じ筆跡の領収書が多すぎる
同じ店の領収書ばかり
不正発覚!
何千枚、何万枚という領収書を見ているプロの目はごまかせない

POINT 不正は絶対にバレるものと思っておこう！

No. 24

「人数」や「日付」が、経理にとっては「超」重要なわけ

「飲食時の人数」や「日付」も重要なチェックポイント

経理は領収書や精算伝票の必要箇所は、すべてひと通りチェックします。どこか特定の場所だけを細かくチェックするということはありません。

ただ、「一般のビジネスパーソンからすると、それほど大事なことではないように感じるのに、経理にとっては超重要な必須チェックポイント」というのはいくつかあります。

たとえば、「取引先との飲食代」の領収書が回ってきたとき、経理はその「参加人数」を細かくチェックします。「四人でも五人でも大差ないのでは？　払った飲食代は変わらないんだし」と思うかもしれませんが、**「一人あたりの料金」がいくらになるかで会社が払う税額は大きく変わります**（詳しくは五八ページで解説）。ですから、参加人数は経理の必須チェックポイントなのです。

もう一つは「日付」です。

社内規定で「領収書の日付から一カ月以内に精算すること」などと定められている場合は、それに沿っているかどうかを必ず見ます。そこで半年前の日付の領収書が出てきたら、**「社内規定に反するのでＮＧ」と判断**されてしまいます。

こうした**提出期限に関する規定も、経理の処理を円滑に進めるために定められています**。何の制限もなければ、半年分の領収書をまとめて一度に精算しようとする人が出てくるかもしれません。大量の領収書を一気に処理するのは大変ですし、日付が古くなるほど、内容の確認が難しくなるためです。

ですから、経費精算をため込まず、早めに処理させるためのルールを設けている会社が多いのです。

最近では、現金で経費精算をせず、給与と一緒に振り込む方式をとっている会社も増えています。「毎月二十日までに精算した経費は、その月の二十五日に給与と一緒に振り込む」などと決まっていれば、経費精算をしたのが二十日より前か後かで、振込のタイミングが変わってきます。このように**精算の日付は、経理がさまざまな処理をする際の手順に大きく関わってくる**のです。

あなたが提出した一枚の領収書のせいで、会社全体の信用が失墜!?

最後に、領収書や精算伝票の記入方法が、**規定のフォーマットに即している**ことも重要なポイントです。領収書や精算伝票は、社内的な処理だけに使われるものではありません。**税務申告や税務調査においては、重要な証拠書類**として扱われます。

会社が税務署に提出する決算書は、社員が提出した一枚一枚の領収書や精算伝票の積み上げによって成り立っています。こうした証拠書類がルール通りに正しく管理されていれば、税務署も「全体の管理が行き届いている会社だな」という印象を持つので、その会社の経理全体への信頼度も高くなります。

逆に、宛て名や日付が抜けた領収書が何枚も出てくるようでは、企業としての資質そのものを疑われることになりかねません。

もしかしたら、あなたの提出した領収書が、税務署の心証を大きく左右するかもしれないのです。

No. 24 CHECK

経理にとって重要なチェックポイント

領収書・精算伝票チェックリスト

- 品　名 ✓
- 使用目的 ✓
- 金　額 ✓
- 上長の承認印 ✓
- 日　付 ✓
- 発行先名 ✓
- 飲食時の参加人数 ✓
- 規定のフォーマットに即しているか？ ✓

半年前の日付のものは処理できません
えぇ〜、なぜ、日付が大事なんですか？
4人でも、5人でも金額は変わらないのに？

「1人あたりの料金」によって会社が支払う税金は大きく変わってくるのです

ルール通りに正しく管理されているかが税務署の心証をも左右する！

POINT

領収書は会社の信頼にも関わる大事な書類と心得ておこう！

＊＊＊ No. 25

経理は、社員一人ひとりの「経費総額」を算出してチェックしているの？

個人別にデータを管理することはほとんどない

「今月は接待が多かったから、ちょっと交際費を使いすぎたかな……。もしかして経理は、誰がいくら経費を使っているのかまで計算しているんだろうか。それで、経費をたくさん使う人は要注意人物としてチェックしているとか⁉」

経費を多めに使った月は、別に悪いことをしているわけでもないのに、なんとなく後ろめたい気分になってしまう……。そんな人も少なくないかもしれません。

結論から言えば、**経理が経費精算のデータを個人別に管理している会社はほとんどない**はずです。その人の仕事内容や立場によって、日常的に使う経費の総額は変わってきます。たくさん使う人もいればほとんど使わない人もいることに関しては、経理も特に不自然だとは考えないでしょう。

よって、個人ごとに経費総額を算出する意味はほとんどないと言えます。

経理は、**組織が決めたルールに沿って精算された経費については、必要以上に疑いの目を向けることはありません**。領収書の金額が大きい場合も、必要な承認さえ受けていれば、「これは正当な取引だ」と判断します。

社内規定で「五万円以上の領収書を精算する際は、部長の承認印をもらうこと」などと定められていて、精算伝票にきちんとその承認印が押されていれば、それでOKなのです。

そもそも、こうした社内規定は、経理がいちいち領収書の是非をチェックする手間を省くためのものでもあります。経理担当者も、好きで領収書や精算伝票を疑っているわけではありません。ひと目で「この領収書は問題なし」とわかるなら、そのほうが経理も仕事がはかどるし、ありがたいのです。

ですから、ビジネスパーソンが経費を精算するときも、**金額の大小よりも「社内規定にのっとっているか」「必要な承認を受けているか」といった点に注意を払うべき**だと言えます。

経理担当者の採用・配属は、どんな会社も慎重に行なっている

もっとも、飲食代や交通費などの経費精算をごまかしたとしても、個人が懐に入れられる金額はたかが知れています。

もちろん、金額の大小にかかわらず、不正は行なわれるべきではありませんが、会社にとってより損害が大きいのは、営業や仕入れの担当者が商品を横流しする、あるいは取引先に不正なキックバックを要求するなどの手段で、個人的に利益を得ようとするケースです。

それゆえ**経理も、個人ごとの経費精算の総額よりも、もっと大きな不正が行なわれていないかどうかを、より念入りにチェックする**のではないでしょうか。

もっと言えば、実は一番不正を働きやすいのは経理の人間なのです。

中小や零細企業では、一人の人間にお金の管理を一任していることが少なくありません。そうなれば、経理担当者はほかの人のチ

No. 25 CHECK

経費を使いすぎたら目をつけられる⁉

POINT ルールに従って正しく処理すれば問題なし！

エックを受けないまま、会社のお金を自由に出し入れすることが可能です。本来は会社に入金されるべきお金を、別の口座にこっそり入れてしまう、といったことも容易になります。

信じられないような大金を社員が横領したというニュースがよく報道されますが、一人の経理担当者にお金の管理を任せきりにしていたことが原因である場合がほとんどです。

ですから、経理担当者の採用は、どの企業も慎重に行なっているはずです。最近は個人情報の扱いが厳しくなったので、ほとんど行なわれていないと思いますが、ひと昔前は面接に来た人間に対して身上調査を行なうこともよくありました。

中小企業で、家族や親戚などの縁故関係者に経理を任せることが多いのも、信頼できる人間を外部から連れてくるのは難しいから、という理由があるからです。

逆に言えば、**経理担当者として採用・配属されるのは、お金に関するモラルや責任感が強いと会社が判断した人物**だとも考えられるでしょう。

そういった人たちにチェックを受けるのですから、一般のビジネスパーソンも「細かいことばかり言って……」などと文句を言わず、領収書や経費精算はルールに従って正しく処理する習慣をつけたほうが身のためです。

＊＊＊ No. 26

経理が「期末になると経費精算を急かす」のは「発生主義の原則」にあった

企業会計は「発生主義」が原則

経理が精算伝票をチェックする際、日付を重視するという話をしましたが、特に期末前後の精算については、よりいっそう厳しく目を光らせることになります。なぜなら、新年度になって回ってきた領収書でも、日付が前年度であれば、前年度の経費として処理しなくてはいけないからです。

企業会計における原則の一つとして、「発生主義の原則」があります。

これは、**「いつ現金の出入りがあったかにかかわらず、売上や経費は、その事実が発生したときに基づいて処理をする」**というものです。

三月三十一日以前の日付の領収書であれば、たとえ四月になってから精算したとしても、「三月中に経費が発生した」という事実は変わりません。

よって、三月三十一日が期末の会社であれば、この領収書は前年度の経費として計上しなくてはいけないのです。経理が期末になると「早く領収書を回してくださいね！」と急《せ》かすのは、このためです。

「現金主義」では利益を正しく計算できない

ちなみに、**現金の受け渡し時点を基準に計上するのは「現金主義」と言います。**その代表例である家計簿を思い浮かべてもらえば、「発生主義」との違いがよくわかると思います。

家計簿では、収入も支出も現金の出入りがあったときに記入します。

たとえばクレジットカードで買い物をして、その代金の引き落としが翌月であれば、家計簿には今月ではなく、来月の支出に記入するでしょう。買い物をした日付で支出を記入することはないはずです。

よって、家計簿の残高と現金の残高は常に一致しているわけです。

しかし、発生主義の企業会計では、たとえ支払いは来月でも、今月分の費用は今月に記録します。一見すると、現金主義のほうがお金の出入りがわかりやすくていいように思いますが、なぜ**企業会計では発生主義を採用している**のでしょうか。

それは、利益を正しく計算するためです。もっと厳密に言えば、**「損益」を正しく計算するため**です。

現代のビジネスでは、商品やサービスの提供と支払いが同時に行なわれることのほうが少ないはずです。一般的なのは、先に商品やサービスの受け渡しをして、あとから代金を回収する「掛け取引」でしょう。

掛け取引を現金主義で処理しようとすると、商品の原価は前年度に計上されているのに、売上は今年度に計上するといったことが起こってしまいます。逆に、代金を前払いし、商品をあとから納入するケースもありますが、その場合も**現金主義で処理をすれば、原価と売上の計上時期に矛盾が生じてしまいます。**

これでは、売上も費用も正確な計算ができません。そこで両方とも、発生した時点で揃えることにしているのです。

No. 26 CHECK

企業会計の基本は「発生主義」

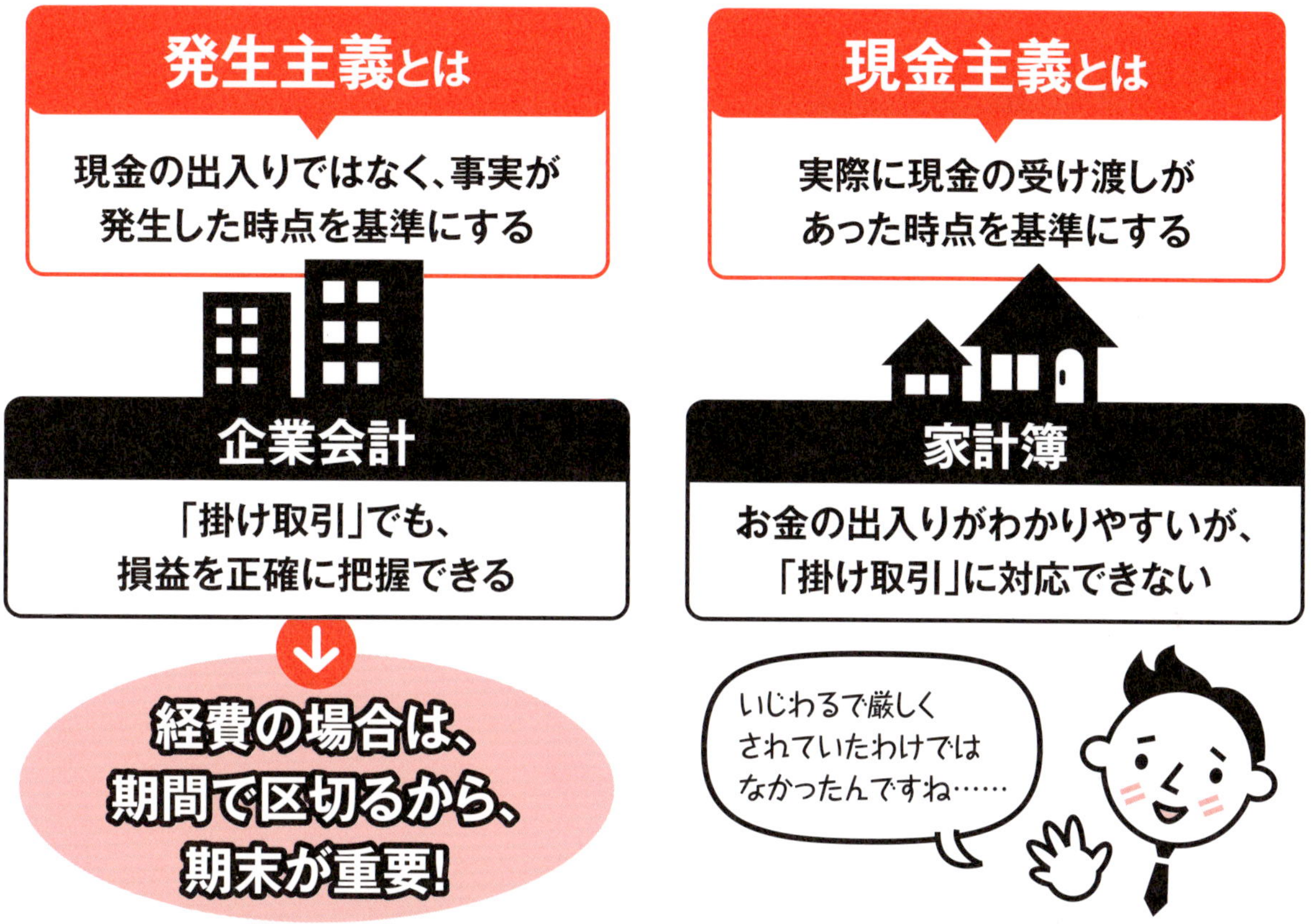

発生主義とは
現金の出入りではなく、事実が
発生した時点を基準にする
企業会計
「掛け取引」でも、
損益を正確に把握できる
経費の場合は、
期間で区切るから、
期末が重要!
現金主義とは
実際に現金の受け渡しが
あった時点を基準にする
家計簿
お金の出入りがわかりやすいが、
「掛け取引」に対応できない
いじわるで厳しく
されていたわけでは
なかったんですね……

POINT

会計のルールを理解して、期末付近の出費は早めに精算しよう!

「期末付近の出費」は早めに精算する習慣を

商品の場合は売上と原価を対応させますが、経費の場合はどの売上に対応するかを厳密に決めることはできません。

そこでこうした**経費については、個別の商品ではなく期間で区切って、期末までの売上と経費を対応させて計算する**ことにしています。

ですから、三月末が期末の場合、たとえ経費を精算して会社からお金が出ていったのが四月であっても、その経費が発生したのが三月三十一日であれば、新年度ではなく前年度に計上されるのです。

このような**会計処理の原則**を「**費用収益対応の原則**」と言います。「原則」というからには、これが企業会計の大前提であり、例外は認めないということです。

「まだ五月なんだから、一カ月半前の領収書くらい通してくださいよ!」と言っても、前年度の会計処理が終わっていたら、もう処理することはできません。

別に経理は意地悪で「前年度分の精算は締め切りましたから、もうダメですよ」と言っているわけではなく、**会計のルールとして発生主義の原則が貫かれている以上、どうしようもない**のです。あとになって無駄な押し問答をするよりも、期末付近の出費は早めに精算する習慣をつけたほうが賢いと言えるでしょう。

＊＊＊ No. 27

いまさら聞けない「簿記の基本の流れ」を押さえよう

会社の出費は「複式簿記」で記録する

ここまでの説明で、精算伝票や領収書を経理がどのようにチェックしているか、一般のビジネスパーソンの人たちでもなんとなくイメージがつかめたのではないかと思います。

ただし、経理の仕事はそこで終わりではありません。彼らの最終ゴールは、決算書の貸《たい》借《しゃく》対《たい》照《しょう》表《ひょう》（B／S）と損益計算書（P／L）を作り上げることにあります。

あなたが提出した精算伝票や領収書も、最終的にはそこに数字として反映されることになります。

企業会計では、**「複式簿記」を用いて記録・計算することがルールとして定められています**。複式簿記とは、一つの取引を帳簿の左右で二重に記録する方式のことです。これにより、処理や計算の間違いがないかを自動的にチェックできる仕組みになっています。

簿記の手順は、それほど複雑ではない

No. 27 CHECK

まずは簿記の基本的な流れを知ろう

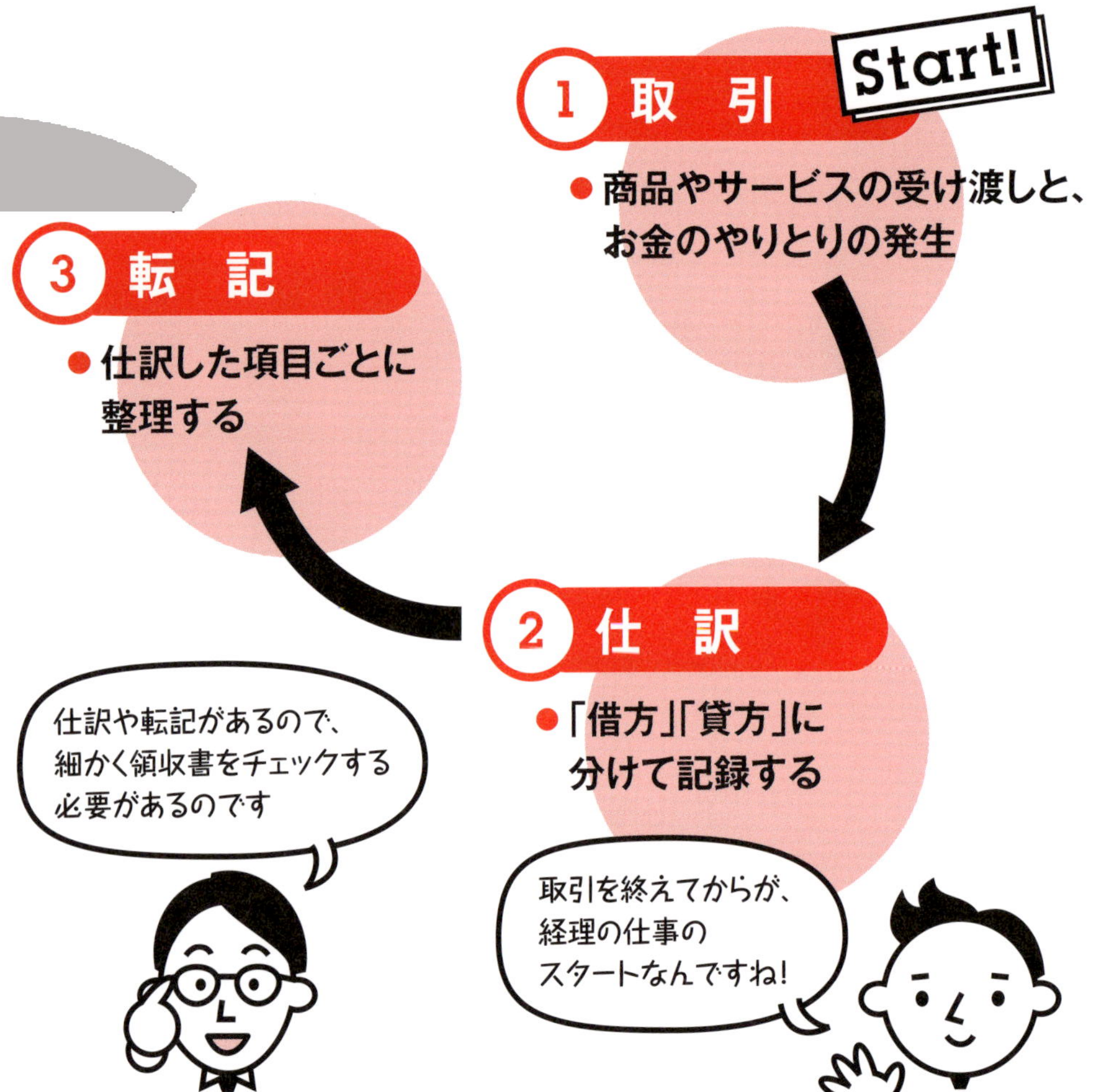

Start!
1 取引
● 商品やサービスの受け渡しと、お金のやりとりの発生
2 仕訳
●「借方」「貸方」に分けて記録する
3 転記
● 仕訳した項目ごとに整理する
仕訳や転記があるので、細かく領収書をチェックする必要があるのです
取引を終えてからが、経理の仕事のスタートなんですね！

簿記の手順は、それほど複雑ではありません。決められた流れに従えば、会計理論をよく知らない人でも処理できるようになっています。

簿記の基本的な流れは次の通りです。

取引→仕訳《しわけ》→（転記）→総勘定元帳《そうかんじょうもとちょう》→合計残高試算表→貸借対照表・損益計算書

商品やサービスの受け渡しと、それに伴うお金のやりとりが発生すると、それが簿記で言う「取引」になります。**取引が発生したら、簿記の記録がスタート**します。

複式簿記では一つの取引を二重に記録すると言いましたが、その二つの側面を、それぞれ「貸方（かしかた）」「借方（かりかた）」と呼びます。

「あ〜、会社で研修を受けたときに聞いたけれど、説明を聞いてもよくわからなかったんだよね……」

そういう人も多いでしょう。なぜ「貸」「借」という言葉が使われているかについては、きちんと意味があるのですが、簿記の流れを知る上では別に知る必要はありません。そこにこだわると、かえって理解しにくくなってしまいます。

ここでは単純に、**「貸方は右側、借方は左側に記録するもの」**とだけ覚えておいてください。

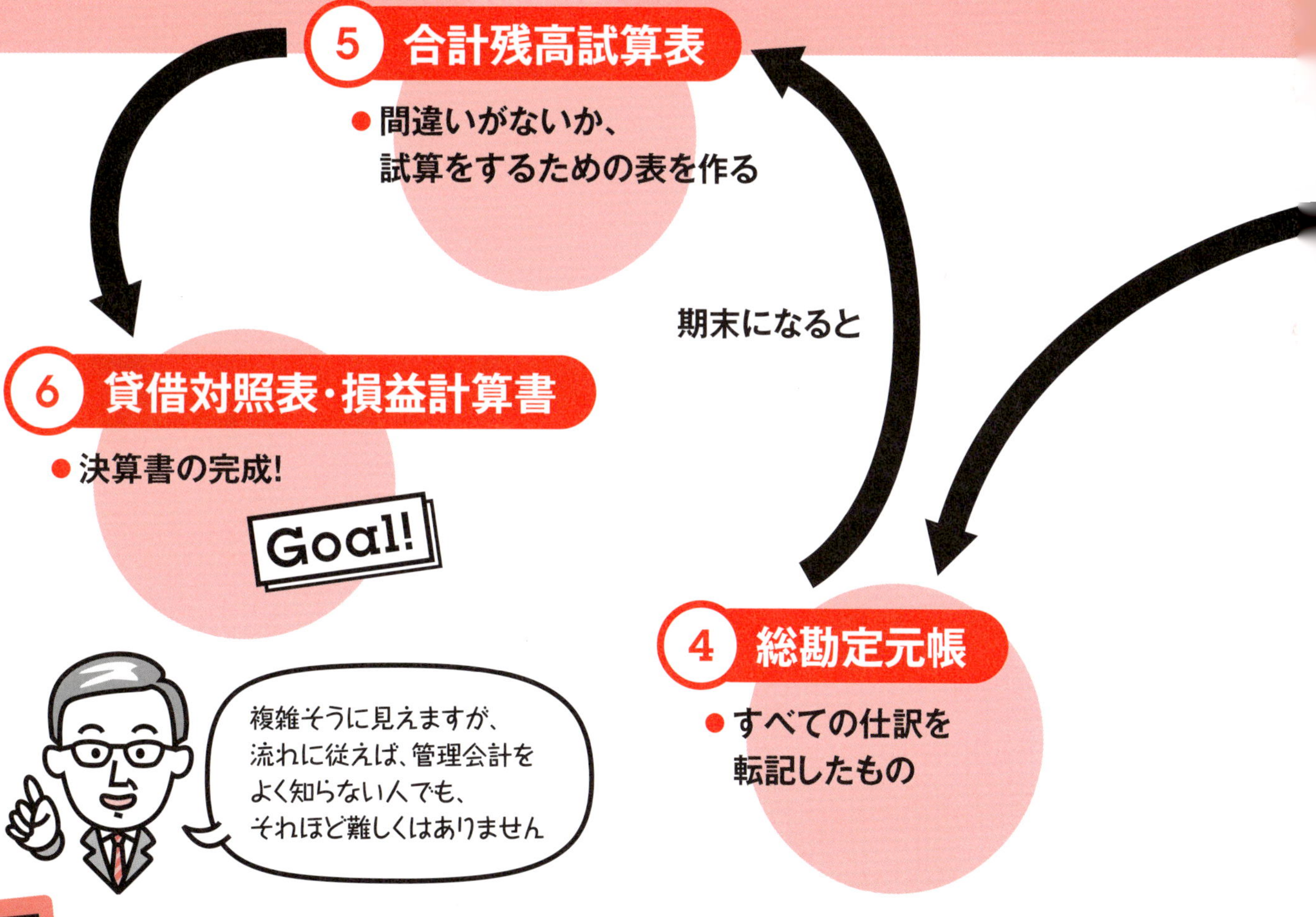
5 合計残高試算表
●間違いがないか、
試算をするための表を作る
期末になると
6 貸借対照表・損益計算書
●決算書の完成！
Goal!
4 総勘定元帳
●すべての仕訳を
転記したもの
複雑そうに見えますが、
流れに従えば、管理会計を
よく知らない人でも、
それほど難しくはありません

POINT

おおまかな流れを把握するだけでも理解度は大きく変わってくる！

No. 28

ひと目でわかる精算伝票が、経理に歓迎される理由

一件の取引を左右に仕訳入力する

さて、**「貸方」「借方」に分けて記録することを「仕訳」と言います**。

なぜ分けるかというと、取引には必ず二つの側面があるからです。

たとえば、あなたの会社が応接室用に二〇万円のソファを買ったとします。

これは会社が所有するソファが一台増えたということであると同時に、会社の現金が二〇万円減ったということでもあります。

貸方と借方は、必ず金額が一致します。左右の金額が一致しない仕訳は間違いだということです。

実際の仕訳は、「仕訳伝票」という伝票で行ないます。昔は手書きでしたが、現在では、会計ソフトを使ってパソコンの画面上で入力するやり方が一般的です。

あなたが回した領収書や精算伝票も、ここで仕訳入力されます。

このときに、その出費がどの勘定科目になるのかを判別する必要が出てくるわけです。

先ほどの場合なら、ソファ代の「二〇万円」という数字だけでなく、この出費が「備品」に該当するということも入力しなくてはいけません。

精算伝票の書き方に不備があって、出費の目的や詳細な内容がはっきりわからないと、ここで経理の作業が止まってしまうわけです。

「勘定科目」に分類するから、作業が膨大になる

主な勘定科目には、次のようなものがあります。

- 給与
- 賞与
- 減価償却費
- 交際費
- 会議費
- 福利厚生費
- 広告宣伝費
- 水道光熱費
- 旅費交通費
- 消耗品費
- 地代家賃

ここに挙げたのはほんの一部で、**大企業であれば五〇近い勘定科目に分類して記録します**。

これを一つずつ分類していくのですから、経理担当者の作業は膨大なものになります。どの勘定科目に入れるべきか、ひと目でわかるような精算伝票が、経理に歓迎される理由も想像がつくでしょう。

ただし、伝票に入力しただけでは現金の残高がいくらあるかわからないので、**仕訳した項目ごとに整理します。この作業を「転記」と言います**。

こうして、**すべての仕訳を転記したものを「総勘定元帳」と呼びます**。その名の通り、「すべての勘定を集めた帳簿」ということになります。

No. 28　CHECK

日常的な簿記の流れを見てみると

1 取　引 会社の経費で20万円のソファを買った

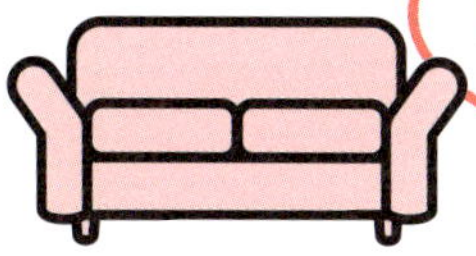

▲ 所有物が増えた

現金が減った ▼

2 仕　訳 備品　20万円 ｜ 現金　20万円

左側を **借方** と呼ぶ　　右側を **貸方** と呼ぶ

左右が一致しない場合は、
問違いがあるということです

3 転　記 勘定科目に分類し、項目ごとに整理

- 給与
- 賞与
- 減価償却費
- 交際費
- 会議費
- 福利厚生費
- 広告宣伝費
- 水道光熱費
- 旅費交通費
- 消耗品費
- 地代家賃

など、大企業では50項目に及ぶことも

4 総勘定元帳 すべての勘定を集めた帳簿

だから、
どの勘定科目に入れるのかが、
一目瞭然の領収書が、
すごく喜ばれるんだね

出費の目的や内訳が ひと目でわかる伝票にしよう！

＊＊＊ No. 29

あなたの領収書・精算伝票は、貴重な資料として長期間保管される

総勘定元帳から「合計残高試算表」を作成

日常の業務はここまでですが、**期末が近づくと、総勘定元帳から貸借対照表と損益計算書を作成する作業に入ります**。

一件ごとの仕訳の作業はシンプルでも、それが一年分ともなれば、どこに記入漏れや間違いがあるかわかりません。

よって、いきなり貸借対照表と損益計算書を作るのではなく、その前に試算をします。**試算をするために作る表を「合計残高試算表」と言います**。

この試算表で、**貸方の「合計」と借方の「合計」、さらに貸方の「残高」と借方の「残高」が一致するかどうかを確認します**。

もし一円でも相違があれば、仕訳や転記の際に入力ミスや計算違いがあったということになります。複式簿記に自動チェックできる仕組みが備わっていると言ったのは、このことです。合計残高試算表さえできれば、貸借対照表と損益計算書は完成したも同然です。

試算表では、資産と負債・純資産の合計、費用と収益の合計が一致していませんが、実はこの差が「利益」となります。

あなたが提出した領収書・精算伝票は、最低七年間は保管される

こうして作成した帳簿や書類は、**「その事業年度の確定申告書の提出期限から七年間保存しなくてはならない」**と税法で定められています。

よって、**あなたが提出した領収書は、その年の税務申告が終わればお役御免になるわけではなく、その後も長期にわたって会社に保管される**ことになるわけです。そして、会社に税務調査が入った場合は、過去にさかのぼって、その内容を調べられることになります。

帳簿や書類の保管方法は、紙での保存が原則とされています。パソコンソフトで作成した書類も、プリントアウトして保存することになります。ただし、保存期間の最後の二年間に当たる六年目と七年目の帳簿書類のみ、マイクロフィルムによって保存することが認められています。

とはいえ、最近では大半の会社が手書きではなく、会計や税務申告ソフトを使い、パソコン上で帳簿書類を作成しています。

そこで、ある一定の要件を満たす場合は、DVDやCD、サーバ上などに電子データのままで保存することができます。その場合は、事前に所轄の税務署長に申告書を提出し、承認を受ける必要があります。

ただし、注意が必要なのは、会社法では別の保存期間が定められているという点です。

税法上では原則七年ですが、会社法では帳簿や書類の保存期間を十年としています。

よって実際には、会計の帳簿や書類は、十年間保存することになります。ただし、領収書や請求書については会社法では定められていないので、税法に沿って七年間保存します。

税務署による調査だけでなく、大企業であれば、監査法人や公認会計士による監査が入ることもあるでしょう。その場合も、これらの書類を証拠として提示することになります。

ですから、とりあえず過去三年分くらいの帳簿や書類は、すぐに取り出せるような場所に保管しておくことが多いようです。

No. 29 CHECK

いよいよ期末が近づいてきたら

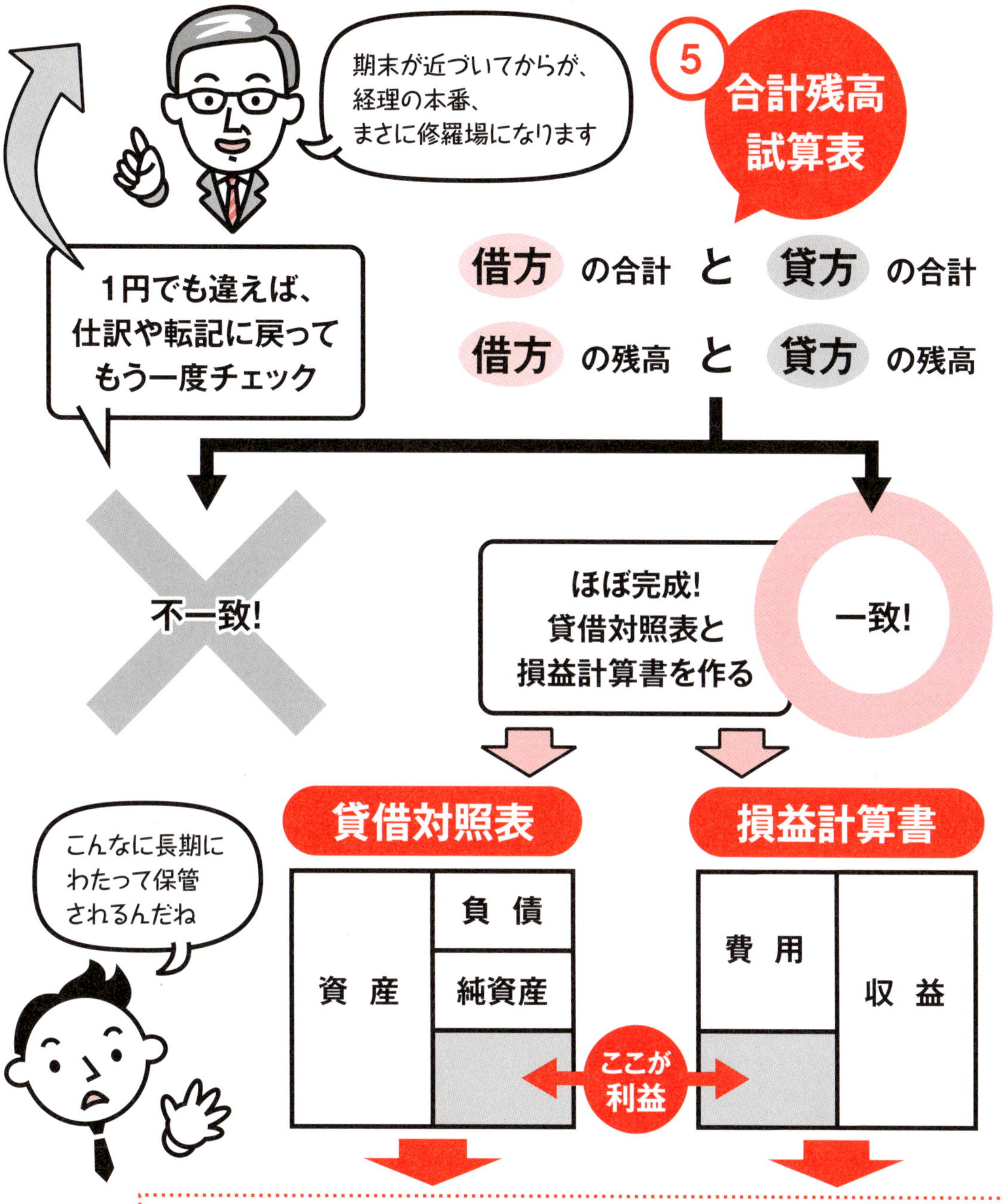

領収書や請求書は7年！　帳簿や書類は10年保管！

POINT

自分が提出した領収書は、
7年間も保管されるものだと知っておこう！

Column

「税務調査」ってどんなことをするの？ ❷

ところで、ひと口に税務調査と言っても、実は二種類あります。

前のコラムでお話ししたのは、「任意調査」と呼ばれるものです。

これは「はっきりした不正の証拠があるわけではないが、書類に曖昧な点があるので、もう少し詳しく調べさせてください」と税務署が依頼するケースです。

ですから、ある日突然、税務署員が調査に来るわけではなく、事前に「税務調査に入りたいので、日程を調整させてください」と連絡が入り、双方で都合のよい日時をすりあわせた上で行なわれます。

税務署からの依頼を断る会社はないでしょうから、任意とは言っても、実質的には半強制みたいなものですが、形式的には双方合意の上で調査をするのが「任意調査」だということです。

一方、税務署が完全なる強制力を持って行なうのが「強制調査」です。

これは、脱税などの悪質な犯罪行為が行なわれている可能性が極めて高いと判断した場合に行なわれるものです。

こちらは事前に何の通告もなく、いきなり調査に入ります。その会社の本社や支店、営業所などのほか、役員の自宅にも、同日の同時刻に家宅捜索が入ります。

よくニュースなどで、朝一番に調査官が会社や役員宅に入っていく映像が流れますが、これは強制調査の風景だということです。抜き打ちで行なうのは、もちろん証拠隠滅《いんめつ》を防ぐためです。

任意調査と強制調査は、実施する組織も異なります。

強制調査を行なうのは「国税局」です。

「国税庁」と混同する人が多いのですが、国税庁は財務省の外局であり、税務行政の執行に関する企画立案を主な仕事とする機関です。要するに、税金に関する大きな仕組み作りや環境整備をするための組織で、個別の法人や個人を調査することはありません。

一方、「国税局」は国税庁の指導監督を受ける地方組織です。東京、大阪、名古屋など一一の国税局があります。そのなかの一部門である「査察部」が強制調査を担当します。俗に「マルサ」と呼ばれているのは、この査察部のことです。

第3章

要確認!

なぜ、取引先との飲食代は、「一人五〇〇〇円まで」なのか?

二万円の交際費が会社にとっては二万六〇〇〇円の出費になる？

No. 30

二万円の交際費は、会社にとっては二万六〇〇〇円の出費に等しい!?

「この飲食店の領収書、どこの誰と行ったんですか？」

「合計金額が二万円になっていますけれど、何人で行ったんですか？（＝一人あたりの金額はいくらですか？）」

取引先と食事をしたときの領収書を経理に提出したら、こんなふうにあれこれ細かくチェックされ、なんだか不正を疑われているみたいで不快な気分になった……。

そんな経験をしたことのある人はけっこう多いのではないでしょうか。

これは何も、「プライベートで飲食した領収書を回しているのでは？」などと経理が疑っているわけではありません（あなたに前科があって、経理のブラックリスト入りしているなら話は別ですが……）。

さまざまな経費のなかでも**経理が飲食代についてて特に厳しく目を光らせるのには、ちゃんとした税務上の理由がある**のです。

意外かもしれませんが、**取引先との飲食に使ったお金は、必ずしも「交際費」になるとは限りません。**

食事をしながら会議や商談を行なった場合や、「一人あたりの飲食代が五〇〇〇円以下」の場合は、「会議費」となります。

「交際費でも会議費でも、どっちでもいいじゃない。かかっている費用は同じなんだから」と思うかもしれませんが、会社にとってはこれが大違いなのです。

なぜなら、**交際費と会議費とでは税務上の扱いが大きく異なり、「会社が支払う税金の額」も大きく変わってきてしまうから**です。

つまり、交際費か会議費かは「会社から出ていくお金の合計額」に関わる大問題なのです。

たとえば、取引先との飲食代に二万円使ったとしましょう。

あなたが使った二万円が会議費になれば、損金（六〇ページを参照）になるので課税対象にはならず、会社から出ていくお金は二万円だけです。

一方、交際費になった場合は、二万円がそのまま課税対象になってしまうので、法人が負担する税金の税率（※注　法人が負担する税金には、「法人税」のほかに「法人住民税」「法人事業税」などがあり、正確には「法人税等率」と表記すべきだが、本書ではわかりやすさを重視し、以降、「法人税率」と表記する。詳細は九二ページを参照）を三〇％とした場合、「二万円×〇・三＝六〇〇〇円」が納税分としてこれに加わることになります。

これだけの説明では少しわかりづらいかもしれませんが、**要は、社員が「交際費」として二万円を使うと、会社からは二万六〇〇〇円のお金が出ていってしまうことになるのです。**

一枚の領収書でこれだけの差が出るのですから、**これが会社単位になれば、一年間で何百万、何千万円の違いが出てくる可能性もあります。**

経理が飲食代の領収書についてガミガミ言う理由も、これで少しは理解してもらえたでしょうか。

No. 30 CHECK

交際費と会議費の違いとは？

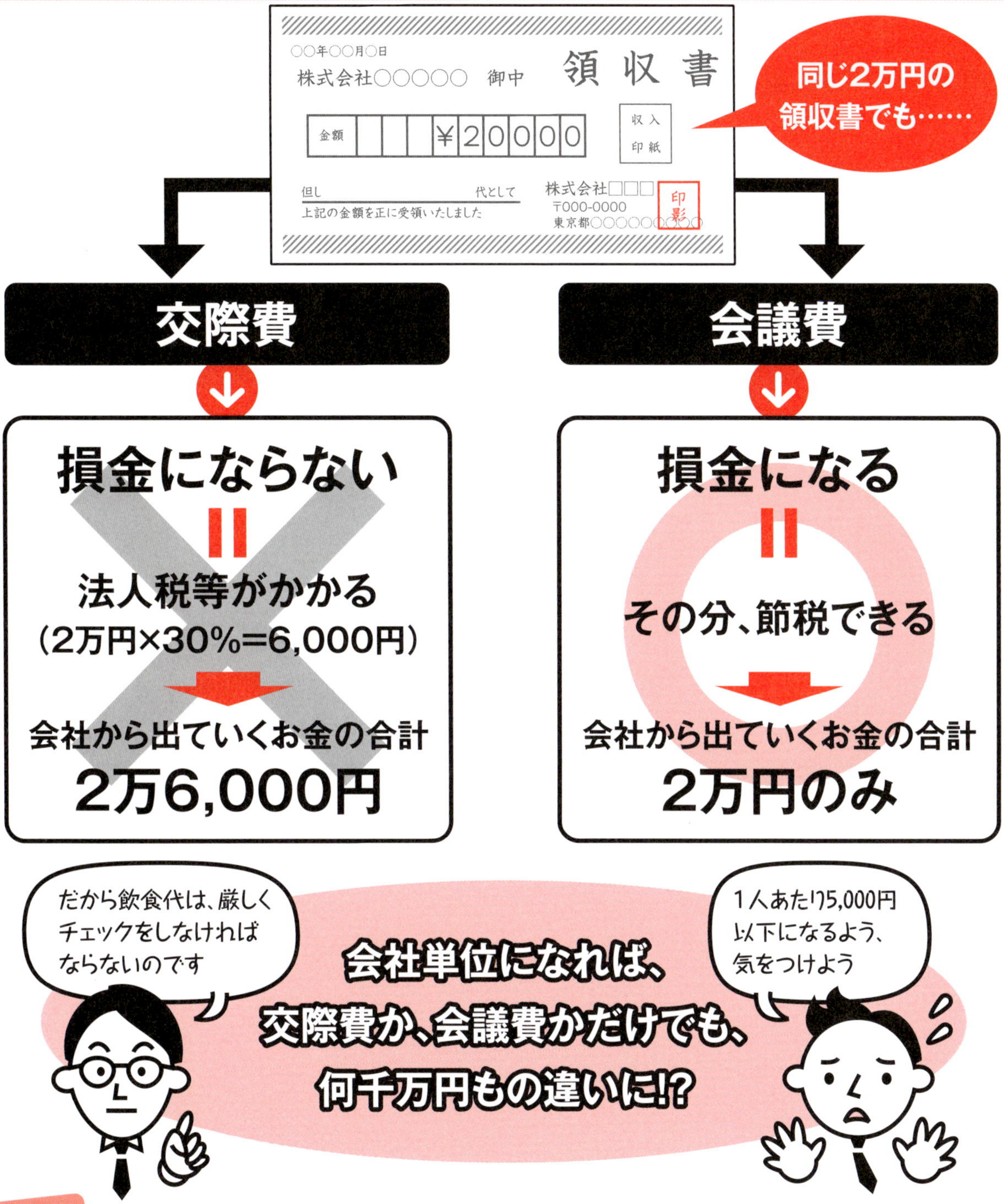
○○年○○月○日
株式会社○○○○○　御中
領収書
金額 ¥20000
収入印紙
但し　代として
上記の金額を正に受領いたしました
株式会社□□□
〒000-0000
東京都○○○○○○○○
印影
同じ2万円の領収書でも……
交際費
損金にならない
＝
法人税等がかかる
（2万円×30％＝6,000円）
会社から出ていくお金の合計
2万6,000円
会議費
損金になる
＝
その分、節税できる
会社から出ていくお金の合計
2万円のみ
だから飲食代は、厳しくチェックをしなければならないのです
会社単位になれば、交際費か、会議費かだけでも、何千万円もの違いに!?
1人あたり5,000円以下になるよう、気をつけよう

POINT

同じ飲食代でも、大きな違いがあると知っておこう！

＊＊＊ No.31

会計上は費用なのに、税務上は費用として認められない「交際費」

ちょっと話が複雑になってきたでしょうか。もう少しわかりやすく嚙《か》み砕いて説明しましょう。

会社の「利益」というのは、会社が上げた「収益（＝売上）」から、そのために使った「費用」を引いて算出します。

計算式にすると、こうなります。

「収益」－「費用」＝「利益」

これは誰でもすんなり理解できるでしょう。ところがここで少々ややこしいのは、会社が使った「費用」のなかには、会社が利益を計算する際は（＝会計上は）「費用」と見なされるのに、**税務署が課税対象となる利益を計算する際には（＝税務上は）「費用」と認められないものがある**ということです。

そして、その代表が交際費なのです。

「利益」と「所得」の違いとは？

このように「会計上は費用になるが、税務上は費用として認められない」ものは、交際費以外にもあります。

また、「会計上は収益（売上）になるが、税務上は収益にならない」というものもあります。

このため、**「会計上の利益」と「課税対象となる利益」は一致しないことがほとんど**です。

そこで税法では、課税対象となる利益を「所得」と言い換えて、会計上の「利益」と区別しています。

同じように、会計上の収益（売上）に当たるものを税務では「益金」、費用に当たるものを「損金」と呼びます。

よって、課税対象となる金額を算出する際の計算式はこうなります。

「益金」－「損金」＝「所得」

こうして算出された所得に対し、税務署は税金を課すことになるのです。

税務上は「費用」と認められないものの代表が「交際費」

ではなぜ、交際費になるか会議費になるかで税額にこれほどの違いが生まれてくるのでしょうか。

税務署が企業の支払う税金を算出する際、「会議費」であればその金額は必要経費として認められます。しかし**「交際費」になると、「冗費《じょうひ》＝無駄な費用」と見なされ、必要経費として全額は認められません**（資本金一億円超の大企業の接待飲食費の五〇％。資本金一億円以下の企業の場合はさらに特例あり。六四ページを参照）。

企業は収入に対して経費が多いほど、課税対象になる利益が少なくなり、納める税金も少なくて済みます。つまり、「取引先との飲食代が『会議費』になる＝会社が支払う税金が減る」ということです。

逆に言うと、**「取引先との飲食代が『交際費』になる＝会社が支払う税金が増える＝会社の貴重な現金が減ってしまう」**ということになるのです。

No. 31 CHECK

会計上と税務上で違う「費用」の考え方

会計では

収　益（=売上） － 費　用 ＝ 利　益

費用になる → 交際費を使うと利益が減る

↑

交際費

同じように会社の費用を使っているだけなのになぁ

税務では

益　金（=売上） － 損　金 ＝ 所　得

損金にならない → 交際費を使っても所得は減らない

↑

交際費

所得が減らないと税金も減らない

経費なのか、
「冗費＝無駄な費用」なのかで、
こうした違いが出てくるのです

POINT

同じ費用でも、税務上では扱いが異なることがある

＊＊＊ No. 32

同じ「費用」でも、「損金」かどうかでこんなにも違ってしまう

交際費は「費用」にはなるが「損金」にはならない

したがって、所得が増えれば、当然ながら納める税金も増え、会社のお金は減ってしまいます。

とはいえ、「税金を少なくしたいから、売上を抑えて所得を減らそう」などというのは本末転倒です。そんなことを考える会社はどこにもないでしょう。

では、どうやって会社は節税をすればよいのでしょうか。

残る方法は、かかった費用のうち**「損金として認められる額をできるだけ増やして、所得を減らす」**ということになります。

前項で交際費は、「会計上は費用になるが、税務上は費用として認められない」と述べました。これを言い換えると、**「交際費は『費用』にはなるが、『損金』にはならないということ**。つまり、同じ金額の飲食代でも、会議費であればその分所得を減らすことができますが、交際費になると所得は減らず、会社が納める税金も増えてしまいます。

だから経理は、「交際費」になるか「会議費」になるかにこだわるのです。

「交際費」は税務署ではどのように計算されるの？

ここで、交際費の扱いが会社の会計と税務でどう違ってくるのか、具体的に見てみましょう。

あなたが三万円の交際費を使って、結果的に一〇万円の売上（収益）を上げたとします。会社が利益を計算する場合、つまり会計上は次のような計算になります。

収益		費用		利益
一〇万円	−	三万円	＝	七万円

しかし、**税務署が課税対象となる所得を計算する場合は、交際費は損金として認められません**。つまり、税務上は次のような計算になります。

益金		損金		所得
一〇万円	−	〇円	＝	一〇万円

そこで、税務署はこのように税金を算出します（法人税率＝三〇％と仮定）。

所得		税率		法人税
一〇万円	×	三〇％	＝	三万円

よって、会社の手元に残るお金は、

利益		法人税		残るお金
七万円	−	三万円	＝	四万円

となります。

「交際費」か「会議費」かで、最終的に会社に残るお金が変わってしまう

では、あなたが使った三万円が交際費ではなく「会議費」だった場合は、どうなるでしょうか。まず、会計上の利益は、次のようになります。

収益		費用		利益
一〇万円	−	三万円	＝	七万円

これは交際費のときとまったく同じですね。

No. 32 CHECK

「損金」かそうでないかでこんなに違う！

交際費では

例 3万円の「**交際費**」を使って、10万円の売上を上げたとすると、最終的に手元に残るお金は？

収益		費用		利益
10万円	−	3万円	＝	7万円

交際費は「費用」にはなるが、「損金」にはならない

益金		損金		所得
10万円	−	0万円	＝	10万円

所得		税率		法人税
10万円	×	30%	＝	3万円

利益		法人税		残るお金
7万円	−	3万円	＝	4万円

会議費では

例 3万円の「**会議費**」を使って、10万円の売上を上げたとすると、最終的に手元に残るお金は？

収益		費用		利益
10万円	−	3万円	＝	7万円

会議費は「費用」にも「損金」にもなる

益金		損金		所得
10万円	−	3万円	＝	7万円

所得		税率		法人税
7万円	×	30%	＝	2.1万円

利益		法人税		残るお金
7万円	−	2.1万円	＝	4.9万円

税務上の扱いを知ると、もっと交際費に注意しようと思えてくるなぁ

POINT

「損金」にもできる会議費として認められる範囲に注意しよう

一方、税務署が課税対象となる所得を計算する場合は、会議費は損金として認められます。したがって、所得はこのようになります。

益金　損金　所得
一〇万円 − 三万円 ＝ 七万円

また、所得が減ったことで、税額も次のように少なくなります。

所得　税率　法人税
七万円 × 三〇％ ＝ 二・一万円

よって、会社の手元に残るお金は、

利益　法人税　残るお金
七万円 − 二・一万円 ＝ 四・九万円

となるわけです。

このように、会計上の利益は同じでも、経費として**使ったお金が交際費だったか会議費だったかで、最終的に会社に残るお金が変わってきてしまう**のです。

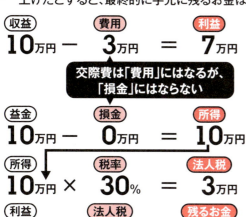

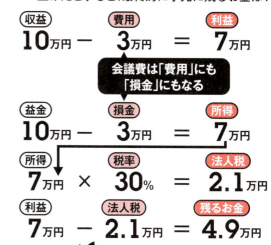

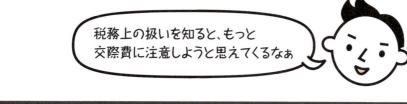

＊＊＊ No. 33

税務上のルールは、政治や景気の動向によって変わる!?

交際費は損金不算入だから好ましくない

前項までは話をわかりやすくするために単純化して説明しましたが、税務署が実際に税額を算出する際には、もう少し複雑な計算が行なわれます。

まず、会社が算出した利益（具体的には、損益計算書のなかの「当期純利益」）に、交際費のような「会計上の費用にはなるが、税務上の損金にはならないもの」をプラスします。これを「損金不算入」と呼びます。

さらに、「費用にはならないが、損金になるもの」をマイナス（＝損金算入）、「収益にはなるが、益金にはならないもの」をマイナス（＝益金不算入）、「収益にはならないが、益金にはなるもの」をプラス（＝益金算入）して、最終的に所得を算出します。

そして、この**所得に法人税率をかけて、会社の納める税額が決まる**のです。

「ますます話が複雑になってきた……」と思う人もいるかもしれませんが、経理担当者の立場になってここまでの話をまとめると、要するに**「会議費は損金になるからいいが、交際費は損金不算入だから好ましくない！」**ということです。

中小企業では交際費も損金になる

ただし、交際費が損金として認められる特例があります。

資本金一億円以下の企業（大企業の一〇〇%子会社を除く）では、次の二つのうち、どちらかを選んで「経費＝損金」として計上できます。

A交際費のうち八〇〇万円までの全額を損金とする

B交際費のうち、接待飲食費の五〇%相当額を損金とする

つまり、AとBのうち額が大きいほうを選び、有利なほうを損金として計上してよいという仕組みになっているのです。これは「お祝い金や香典など、会社にとって必要不可欠な交際費まで経費として認めずに税金を課すのは、中小企業にとって負担が大きすぎる」という配慮によるものです。

また、**資本金一億円超の大企業にも「交際費のうち、接待飲食費の五〇%相当額を損金として計上してよい」という特例があります。**

大企業については、以前は接待飲食費を含むすべての交際費を損金として認めていませんでしたが、現在はルールが変わりました。ちなみに、中小企業に認められている「八〇〇万円」という額も、以前は「六〇〇万円」でした。

こうした変更は政府の経済対策の一つで、「交際費をたくさん使って、消費を拡大してほしい」という狙いがあります。実際に経済効果が期待できるかどうかは別として、**税務上のルールはその時代の政治や景気の動向によって変更されることも多い**ことの一例と言えるでしょう。

No. 33 CHECK

交際費を損金にできる特例とは？

資本金１億円以下の企業の場合なら

次の２つの特例が認められている

有利なほうで計上してよい

交際費

A 800万円までの全額

B 接待飲食費の50%相当額

中小企業にとっては、必要不可欠な交際費にまで
税金を課すのは負担が重いという配慮があるのです

資本金１億円超の企業の場合でも

以前は……
交際費は接待飲食費も含め
すべて損金とは認められない

現在は……
交際費のうち、接待飲食費の50%
相当額を損金として処理してよい

景気の動向や政府の
狙いによって変更される
ことも珍しくないんだね

POINT
税務上のルールは
政治や景気の動向によって左右される

＊＊＊ No. 34

「一人あたり五〇〇〇円まで」ルールが多い本当の理由

交際費と会議費は判別が難しい

経費精算に関する社内規定で、「取引先との飲食代は一人あたり五〇〇〇円まで」と決められている会社は多いと思います。

この**「五〇〇〇円」という金額は、会社がなんとなく決めたわけではなく、きちんとした税務上の理由があります**。

先ほど、「食事をしながら会議や商談を行なった場合は、会議費となる」と言いましたが、会議費として認められる飲食代の条件はほかにもあります。

それが「一人あたり五〇〇〇円以下の場合」というルールです。

実際のところ、交際費と会議費を厳密に区別するのは非常に難しいのです。

たとえば、「取引先との商談のためにホテルや飲食店などの会場を用意し、合間に食事もしながらビジネスの話をした」といった場合、その飲食代がどちらに該当するかは非常に曖昧になります。

商談もしますが、取引先を接待するという意味合いもあるわけですから、交際費か会議費かという判別がしにくくなります。

この曖昧さを逆手に取って、純粋な接待のために使った高額な領収書を「会議費」として計上し、損金として処理しようと考える人が出てこないとも限りません。

そこで税務上は金額で線引きをし、「一人あたり五〇〇〇円以下の飲食代」は、「会議費」として計上することが認められています。つまり、交際費になる心配がないわけです。

これは**「この程度の金額での飲食なら、たいした接待はできないから、交際費には計上しなくていい」というのがもともとの考え方**で、税法にも明文化されています。

経理が「一人五〇〇〇円以下」のラインを厳しくチェックする理由

経理担当者が「この居酒屋には何人で行ったのか」などと人数にこだわる理由も、まさにそこにあります。

同じ「二万円」の領収書でも、飲食した人数が四人なら、一人あたりの金額は五〇〇〇円となります。これなら「一人あたり五〇〇〇円以下」になるので、「会議費」として計上できます。

しかし、これが三人で飲食したときのものであれば、一人あたりの金額は約七〇〇〇円となります。五〇〇〇円を超えてしまいますから、これは「交際費」として計上することになります。

すると、先述したように、**「たった一人の参加人数の違いで、会社から出ていくお金に六〇〇〇円もの差がついてしまう」**わけです。経理担当者が会議費として認められる「一人あたり五〇〇〇円以下」のラインを厳しくチェックする理由も、これで納得いくでしょう。

精算伝票には取引先や出席者の人数を忘れずに明記しよう

No. 34 CHECK

飲食代は明確な区別が難しい経費

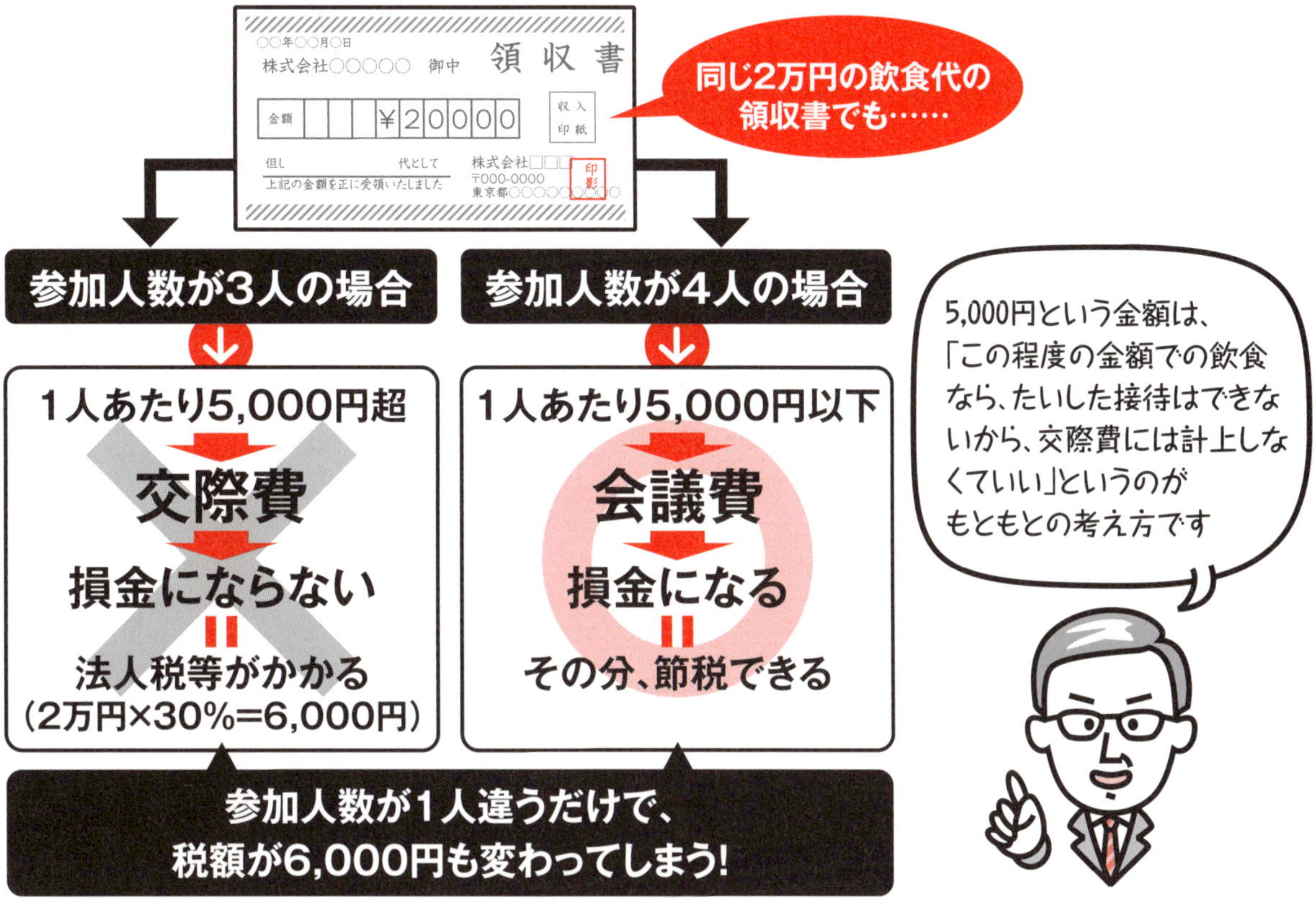

POINT 取引先や出席者の人数を精算伝票に忘れずに明記するようにしよう！

ですから今後、取引先と食事に行く際は、あらかじめお店の人に「一人あたり五〇〇〇円以下にしたいので、その額を超えそうになったら教えてくださいね」と頼んでおくといった対応をしてください。

こうしたことが自然とできるようになれば、あなたも税務や経理のセンスがだいぶ身についたと言えるでしょう。

経理や上司の心証もきっと良くなるはずなので、あなた自身にとってもメリットは大きいはずです。

なお、**税務署に会議費として認めてもらうには、飲食に参加した取引先の社名や氏名、全参加人数などを記録した書類を保存していることが条件**となります。

経理がいちいち「この場に誰が、何人いたのか」を確認しなくて済むよう、精算伝票には取引先や出席者の人数を忘れずに明記するようにしましょう。

「一人あたり五〇〇〇円」を超えても会議費にできることがある

＊＊＊ No. 35

金額にかかわらず会議費として認められるケースとは？

たとえば、社内の取締役会をホテルの会議室を借りて行ない、間に昼食もとるといったケース。これは最初から会議が目的であり、そのための体裁も整えて行なわれたのですから、金額にかかわらず会議費として認められる可能性があります。

もちろん、**とんでもなく高額な出費であれば、税務署から「会議としては妥当ではない」と判断される**可能性はあります。また、「社内に会議室があるのに、どうしてホテルの一室を借りなくてはいけないのか」と問われたら、納得させるだけの理由を説明できなくてはいけません。

しかし、常識的な範囲での行為であれば、本来の目的が「会議」なのですから、その名の通り会議費として計上できることがほとんどです。

そもそも、「一人あたり五〇〇〇円以下」のルールは、「本来なら交際費に該当してい

No. 35 CHECK

会議が目的なら「会議費」と認められる

5,000円を超えても「会議費」になるケース

取締役会など、ホテルの会議室を使い昼食などを飲食する → 1人あたり5,000円以上でも「会議費」

2016年取締役会
いったん昼食にしましょう
今後の経営方針について……
最初から目的が会議であれば、交際費には該当しない

ただし……

- とんでもなく高額な場合
- 社内の会議室を使えない理由が説明できない

これらは「交際費」と見なされることも

た飲食代を、一定の条件のもとで除外しましょう」というものです。

よって、**もともと交際費に該当しない飲食代は、一人あたり五〇〇〇円を超えても、交際費と見なされることはありません。**

取引先の人を形式的に参加させただけでは、会議費とは認められない

逆に、一人あたり五〇〇〇円以下でも、会議費ではなく交際費になってしまうのはどういうケースでしょうか。

それは、**社内の特定の人間だけでただ単に飲食したような場合**です。

では、一人でも取引先の人間が交じっていればいいのかと言えば、そうではありません。

本当にその一人を接待するために、社内の人間が集まったのだということを客観的に説明できるなら会議費になる可能性もありますが、アリバイ作りのためにその人を形式的に参加させただけと見なされれば、それは「社内のものだけを対象とした飲食費＝交際費」とされてしまいます。

5,000円以下でも「交際費」と見なされるケース

居酒屋などで社内の
特定の人間だけで飲食する
1人あたり5,000円
以下でも「交際費」
呼ばれれば
喜んで伺います！
居酒屋の雰囲気が
落ち着くんだなぁ
飲むのも立派な
仕事ですよね
居酒屋
そもそもの目的が会議や
接待とは認められない
ものは交際費となる
形式的に取引先の人が
交じっていても、「会議費」
とは認められない

POINT 飲食の目的次第で、5,000円ルールが適用されないケースがある

＊＊＊ No. 36

「同じお店で二次会」はNG、「お店をはしごして二次会」はOKの謎

二次会まで行った場合は個別の金額で判断する

「取引先の人と飲みに行ったら、一次会のあとに別のお店で二次会もやることになった。それぞれのお店では一人あたり五〇〇〇円以下に抑えたけど、両方の代金を合わせると一人あたり五〇〇〇円を超えてしまう。この場合もやっぱり交際費になっちゃうの?」

こんな質問を受けることがありますが、**「一人あたり五〇〇〇円以下」のルールは、飲食店ごとの金額に適用される**と考えてください。

同じ日に連続して二軒のお店で飲食をしても、一次会のお店でもらった領収書と、二次会のお店でもらった領収書がそれぞれ「一人あたり五〇〇〇円以下」であれば、「会議費」として認められます。

ただし、**それぞれの飲食が確かに単独で行なわれていると認められなければいけません**。一人あたり五〇〇〇円を超えないところでいったん会計をしてもらい、そのままお店を変えずに「ここからは二次会です!」と言っても通りません。

飲食代を損金にするために、意図的に分割して二枚の領収書を発行してもらったと見なされます。

一次会、二次会の両方の領収書を会議費として処理したいなら、二枚の領収書が明らかに別の店で発行されたとわかるものでなくてはいけません。

税込経理か、税抜経理かの確認を

もう一つ注意してほしいのが、「自分の会社の経理は税込経理か、税抜経理か」という点です。

「税込経理」とは、取引金額をすべて税込金額として扱い、消費税分を区別しない経理処理方式のことです。一方の**「税抜経理」では、取引金額のうち消費税分を区分して処理**します。

一人あたり五〇〇〇円で飲食しても、消費税がつけば実際に支払うのは五四〇〇円となります。二人なら一万八〇〇円です。

このとき、税抜経理をしている会社なら、この飲食代は消費税額を抜いた「一万円」と見なされます。これなら一人あたり五〇〇〇円以内に収まるので、会議費として計上できます。

しかし、**税込経理をしている会社だと、この飲食代は額面通り「一万八〇〇円」と見なされます**。よって、一人あたり四〇〇円のオーバーとなり、交際費として計上されることになります。

どちらの経理方式を選ぶかは、企業に任されています。

ほとんどの大企業は税抜経理を採用していますが、中小企業では税込経理で処理しているところも少なくありません。

今まで意識していなかったという人は、自分の会社の経理がどちらの方法を採用しているか一度確認してみましょう。

No. 36 CHECK

取引先との飲み会で注意すべきこと

一次会と二次会の合計が5,000円を超えてしまうときは

一次会 → 5,000円
＋
二次会 → 3,000円

ハイ、ここからは二次会でーす

同じお店では、それぞれの飲食を単独とは認められない

もちろん領収書を2枚にしてもNGです

一次会 → 5,000円

二次会 → 3,000円

二次会は別のお店になりまーす

お店を変えれば、それぞれの飲食が単独として認められる

税抜経理か税込経理かには要注意!

どちらも実際に支払うのは5,400円

税込経理の場合

5,400円=5,400円
1人あたり5,000円を超え「交際費」に

中小企業では「税込経理」を採用するところも少なくないので、注意が必要です

税抜経理の場合

5,400円=5,000円
1人あたり5,000円以内で「会議費」に

単独の飲み会で5,000円を超えないように注意しよう!

No. 37

この出費は交際費になる？ ならない？①
タクシー代・ゴルフ代・懇親会代

同じ種類の出費でも、交際費になる場合とならない場合がある

こうして見てくると、「交際費」というのはなかなか曖昧なものです。

その適用範囲は税法で細かく決められていますが、一般の人にはなかなかわかりにくいはずです。

日常のさまざまな支払いの場面で、「これって交際費になるのかなあ……」と迷いながら財布を開いているビジネスパーソンも多いのではないでしょうか。また、前項の取引先との飲食代のように、**同じような出費でも交際費になる場合とならない場合があります。**

そこで、判別が難しい出費について、それが何の勘定科目に該当するのか（＝交際費になるのか、ならないのか）を解説しましょう。

▼接待時の取引先のタクシー代　→　「交際費」

通常、移動のためのタクシー代は、「旅費交通費」となります。

では、取引先の人と食事をした際に、送迎のタクシー代をこちらで負担した場合はどうなるでしょうか。こうした**接待を目的とした送迎代は、金額に関係なく「交際費」として処理**されます。また、**接待をして帰宅する際に自分が使ったタクシー代も「交際費」**になります。

経費精算の際は、接待のために使ったタクシー代の領収書を、営業など自分の業務のために使ったタクシー代の領収書とはきちんと区分し、「いつ、誰を接待するために利用したのか」がわかるようにしておきましょう。

▼取引先とのゴルフ代　→　「交際費」

取引先への接待を目的としたゴルフ代は、金額にかかわらず、全額が交際費として計上されます。プレーの合間や終了後に飲食をした場合、その飲食代も交際費となります。

▼社内の忘年会・懇親会　→　全員参加が前提なら「福利厚生費」、特定の人間が対象なら「交際費」

社員の労をねぎらうため、会社が懇親会（忘年会、新年会など）という名目で飲食をすることがあります。これが社員全員の参加を前提として開かれたものなら、その飲食代は「福利厚生費」として処理されます。福利厚生費は全額を損金として計上できる経費です。この名目での出費なら、会社の支払う税金が増えることはありません。

また、「○○部」や「○○グループ」といったある程度大きな単位で、そこに属する社員全員を対象に開かれた懇親会も、福利厚生費として認められることがほとんどです。

つまり、**「社員を個人で分け隔てることなく、おおむね一律に飲食を供与した場合」であれば、福利厚生費**になるということです。

逆に、上司が特定の部下を連れて飲みに行ったような場合は、俗に言う「社内交際費」と見なされ、税務上も交際費として処理しなくてはなりません。部署の忘年会のあとに二次会に行った場合も、二次会というのは通常「参加する、しない」を選択できるので、交際費と見なされるケースが多いようです。

ちなみに、全員参加の会であっても、常識の範囲を逸脱するような高額の出費の場合は交際費になりますのでご注意ください。

No. 37 CHECK

タクシー代・ゴルフ代・懇親会代

交際費になるケース		交際費にならないケース
接待の送迎に使用する場合（自分が使用したものも含む）	タクシー代	通常の移動の場合（旅費交通費）
接待目的のゴルフ（飲食代も含む）	ゴルフ代	なし（すべて交際費）
特定の人間だけを対象とする場合（宴会の後の自由参加の二次会など）	社内の懇親会・忘年会	全員参加を前提とした場合（福利厚生費）

常識を超えた高額な出費の場合は、交際費と見なされることがあります

No. 38

この出費は交際費になる？ ならない？②
パーティー代・社員旅行代・見舞金

対象が社内か社外かで変わる、パーティー代

▼パーティー代 → 対外的な目的なら「交際費」、社内的な目的なら「福利厚生費」

これはパーティーの目的や参加者によって区別されます。

対外的なアピールが目的で、取引先や関係者など**外部の人間が多く出席するパーティーであれば、その開催にかかった費用は「交際費」**になります。

しかし、**自社の社員を対象とし、社内において飲食をするようなパーティーであれば、その飲食代は「福利厚生費」**となります。

たとえば「創立記念パーティー」でも、対外的な目的で開催するのであれば交際費です。

一方、創立記念日にケータリングをとって、会議室などで社員に軽食や飲み物をふるまうようなパーティーであれば、その費用は福利厚生費になるということです。

社員旅行代や見舞金は福利厚生費

▼社員旅行代 → 一定の条件を満たせば「福利厚生費」

社員旅行の費用を会社が負担した場合は、「福利厚生費」として計上できるケースがあります。ただし、福利厚生費と見なされるには、まず次の二つの条件をクリアしていなければなりません。

・旅行日数が四泊五日以内であること（海外旅行の場合、機内泊は一泊とカウントしない）

・全社員を対象とし、なおかつ参加割合が五割以上であること

また、この二つの条件をクリアしていても、次のような場合は給与として支給されたと見なされ、旅行者本人に所得税がかかってしまいます（損金にはなる）。

・会社の負担分が高額である場合（一人一〇万円程度までなら低額と見なされる）

・自己都合による不参加者に金銭を支給する場合（この場合、旅行に参加した社員にも所得税がかかる）

さらに、特別に豪華なホテルやレストランを利用したり、常識を超えた遊興をしたりした場合は「交際費」と見なされる場合もあります。

▼慶弔金や見舞金 → 対取引先は「交際費」、対社内は「福利厚生費」

取引先のお祝いや不幸に際して支払う費用は、すべて「交際費」となります。結婚祝いや出産祝い、香典や病気の見舞金などがこれに該当します。

これが社内の人間に対するものであれば、「福利厚生費」となります。ただし、あらかじめ社内規定で一定の基準が定められていて、世間の常識から見て妥当な金額であることが前提です。特定の個人に対してのみ高額な金額が支払われるような場合は、税務署から「給与」と見なされる可能性があるので注意が必要です。

No. 38 CHECK

パーティー代・社員旅行代・見舞金

交際費になるケース		交際費にならないケース
取引先や関係者など外部の人間が多く出席する場合	パーティー代	自社の社員を対象とし、社内で飲食をするようなパーティーの場合（福利厚生費）
特別に豪華なホテルやレストランを利用したり常識外の遊興をした場合	社員旅行代	①旅行日数が4泊5日以内 ②全社員を対象とし、参加割合が5割以上（上記2つの条件を満たす場合、福利厚生費）
取引先に対して支払う場合	慶弔金や見舞金	社内の人間に対して支払う場合（福利厚生費）

会社の負担分が高額な場合や、自己都合の不参加者に金銭を支給する場合は「給与」と見なされます

＊＊＊ No. 39

この出費は交際費になる？ ならない？③

手土産代・景品代・謝礼

手土産代を雑費で処理するのは注意が必要

▼手土産代　→　「交際費」

税法では、「贈答」を目的とする支出は交際費になると明記されています。

お歳暮やお中元など、それなりに値の張る品を贈った場合は、贈答が目的であると誰でもすんなり理解できるでしょう。

では、二〇〇〇円や三〇〇〇円程度の手土産を購入した場合も、交際費になるのでしょうか。税法では、金額に関する規定はなされていません。よって、**少額であれば、「雑費」などで処理している会社も多い**ようです。

雑費というのは、「ほかのどの費用にも該当しない、少額かつ一時的な出費」を処理するための項目です。以前は税務署の慣習として、「三〇〇〇円以下の手土産は全額経費として計上してよい」という時代があったので、当時のやり方をそのまま続けている会社が少なくないということでしょう。

しかし現在の税務上では、それが正しい処理の仕方とは言い切れません。金額の規定がないからこそ、金額の多少にかかわらず、手土産代は交際費に該当すると解釈するのが妥当だと考えられます。

▼宣伝のための景品代　→　「広告宣伝費」

不特定多数の人への宣伝効果を狙ったものは、交際費ではなく「広告宣伝費」となります。福利厚生費と同様、広告宣伝費も損金として計上できる経費です。取引先に配る社名入りのカレンダーやタオル、あるいは商品を購入した人に渡すおまけの景品などにかかる費用は広告宣伝費となります。

一般消費者を対象に、抽選で旅行をプレゼントする場合や、モニターやアンケートを頼んだ相手に謝礼として景品を渡す場合も、その費用は広告宣伝費として処理します。ただし、特定の相手に対して集中的に物品が渡っている場合は、税務署から交際費と見なされる場合があるので要注意です。

例外もある、受注への謝礼

▼受注への謝礼　→　基本的には「交際費」

だが例外あり

取引先などへの謝礼は、基本的にすべて交際費に該当します。

ただし、例外があります。それは、「契約書に基づく謝礼」です。

たとえば旅行業界では、バスツアーの日程に組み込まれている土産物屋が、バスガイドや運転手に謝礼を渡すというのが慣例として行なわれています。

いわゆるキックバックに相当するものですが、これが交際費に当たるかどうかが、税務の世界では一時期、議論となりました。

この問題は、国税庁が出した内部通達で決着がつきました。

その内容は、「もともとそういう内容の取り決めがあり、契約書などでその事実が確認できるのであれば、そのお金は交際費にしなくていい」というものでした。それが前例となり、**現在では「契約書に基づく謝礼」を、「手数料」「情報提供料」などの交際費以外の項目で処理する**ようになっています。

No. 39 CHECK

手土産代・景品代・謝礼

交際費になるケース		交際費にならないケース
お歳暮やお中元など「贈答」を目的とする支出の場合	 手土産代	なし（すべて交際費）
なし	 宣伝のための景品代	不特定多数の人が対象であることが条件（広告宣伝費）
取引先などへの謝礼すべて	 受注への謝礼	契約書に基づく謝礼などの場合（手数料・情報提供料）

実情として少額な手土産は「雑費」として処理する会社は多いのですが、「交際費」と解釈するのが妥当です

特定の相手に集中している場合は「交際費」と見なされることもあります

Column

「税務調査」ってどんなことをするの？ ❸

任意調査は、基本的に、資本金一億円超の大企業は国税局、資本金一億円以下なら各地の税務署が調査する、ということになっています。

以下、任意調査について、みなさんの関心のありそうな点をまとめてみました。

▼任意調査が入る頻度

会社によってバラバラです。三年に一回は必ず入るという会社もあれば、もう十年も税務署は来ていないという会社もあります。おおよその目安は「三年から五年に一回」と言われていますが、それも根拠のある話ではないのです。また、自分の会社の書類には何も問題がなくても、取引先の企業で不正が発覚すれば、それを裏付けるために税務調査が入るという場合もあります。

▼任意調査の期間

会社の規模によっても異なりますが、たいていは二日間で行なわれます。ただし、大企業の場合は一カ月近く調査員が入ることもあるようです。

▼任意調査を行なう場所

強制調査の場合は、何十個もの段ボール箱で大量の書類が押収されますが、任意調査の場合は基本的に書類は社外に持ち出さず、調査はその会社内の会議室などを使用して行なわれます。調査は現場で行なうのが基本で、どうしても時間がない場合などに限って、一部の書類を持ち帰ることがある程度です。

▼調査員の数

調査に来る人数もまちまちです。大企業なら数人のチームで来ることもありますが、中小企業なら調査員は一人ということもあります。ですから、税務調査が入っても意外と目立たず、経理以外の社員は気づかないうちに終わっていた、ということが多いようです。

▼経理担当者が立ち会うか

これも会社によりけりです。最初から最後まで立ち会うケースもあれば、会議室と必要書類を用意し、最初に「何か質問があれば呼んでください」と言っておいて、あとはいつもどおり日常業務をしているというケースも少なくありません。

「税務調査」という言葉の響きからは何やら大ごとが行なわれるような印象を受けますが、任意調査の場合、実際の作業自体は粛々と事務的に進められることがほとんどです。

とはいえ、経理の人間としては、税務調査の期間はなんとなく気持ちが落ちつかないのもまた事実です。

要確認！

第4章

知って役立つ！「減価償却」の話

No. 40

「たった一円の違い」の間に立ちはだかる「減価償却のカベ」

「たった一円の違い」で、会社の納税額は大きく変わる

備品を購入する際、「一〇万円未満でなければ認められない」という社内規定がある会社も多いのではないでしょうか。

あるいは、「一〇万円未満なら課長決裁で精算できるが、一〇万円以上の場合は、事前に部長以上の承認をもらわなくてはいけない」といったルールを設けている会社もあるでしょう。

いずれにせよ、一〇万円以上の備品の領収書は通りにくいことが多いようです。

これはなぜでしょうか。その理由は、**備品の取得金額が一〇万円以上になると、「減価償却資産」**として扱わなくてはいけなくなるからです……、と言われても、何のことやら理解できないと思いますので、以下で詳しく説明していきます。

ここでは、**「一〇万円と九万九九九九円というたった一円の違いで、会社が納める税金の額が大きく変わる」**ということだけ、頭に入れておいてください。

そもそも「減価償却」って何?

「減価償却」という言葉は、誰でも一度くらいは聞いたことがあるはずです。

これを簡単に説明すると、**「何かを購入したとき、一度にその費用をまるまる計上するのではなく、耐用年数に応じて費用を分割し、毎年少しずつ計上していく経理処理の方法」**ということになります。

減価償却の対象となるのは、建物や車両、機械や設備などの「固定資産」に限られます。同じ経費でも、通信費や交際費などは減価償却の対象にはなりません。

固定資産のなかでも土地は対象外ですが、ビルや社用車から、事務机やパソコン、プリンターやカメラまで、ほとんどの固定資産が該当します。

こうした資産を「減価償却資産」と呼びます。

「減価償却」の基本的な考え方

これらに共通するのは長期間にわたって使用することを前提としている点です。

固定資産は一年限りで消耗するものではなく、何年にもわたって手元に残ります。しかも、使用可能な間はそれを売って収入を得ることもできます。

つまり、財産としての価値があるということです。

「購入した次の年度になっても価値が残っているのだから、購入した年にすべての費用を計上するのはおかしい。翌年度や翌々年度に残る価値に相当する分は、それぞれの年度で費用を計上していくべきだ」

というのが、減価償却の基本的な考え方です。この分割された費用のことを「減価償却費」と呼びます。

No. 40 CHECK

備品購入には「10万円」のカベがある

10万円を超えると「減価償却資産」として扱われるので、
会社が支払う税金の額が大きく変わる

減価償却とは?

何かを購入したとき、一度にその費用をまるまる計上するのではなく、耐用年数に応じて費用を分割し、毎年少しずつ計上していく経理処理の方法

耐用年数とは?

12万円 | パソコン4年

1年目:3万円
2年目:3万円
3年目:3万円
4年目:3万円

償却完了!

対象となるのは?

建物、車両、機械設備などの「固定資産」

ただし、土地などは除く

購入する金額が10万円以上のものには、「減価償却」が必要になるものがある

「一括計上」ができれば、こんなにお得！

＊＊＊ No. 41

「一括計上」と「減価償却」ではどちらが得？

では、購入金額を一度にすべて費用に計上するのと、減価償却で毎年少しずつ計上していくのとでは、どちらが会社にとって都合がよいのでしょうか。

備品を購入した時点で、その分のお金は会社から出ていきます。

ところが、**その全額を費用として計上できないと、実際よりも利益が多いように見られてしまいます**。第3章で説明した通り、会計上の「利益」は「収益」－「費用」で計算されるからです。

たとえば、売上が八〇万円で、備品の購入費用が五〇万円だったとします。

このとき、手元に残るお金はこうなります。

売上　　－　備品購入代　＝　残るお金
八〇万円　－　五〇万円　＝　三〇万円

ところが、その年度に計上する減価償却費

No. 41 CHECK

減価償却を避けたい理由とは？

1 実際より利益額が増える

例　売上 80万円 － 備品購入代 50万円 ＝ 残るお金 30万円

一括計上の場合は利益は30万円！

しかし、
減価償却でその年度に計上する費用が10万円だと

売上 80万円 － 備品購入代 10万円 ＝ 利益 70万円

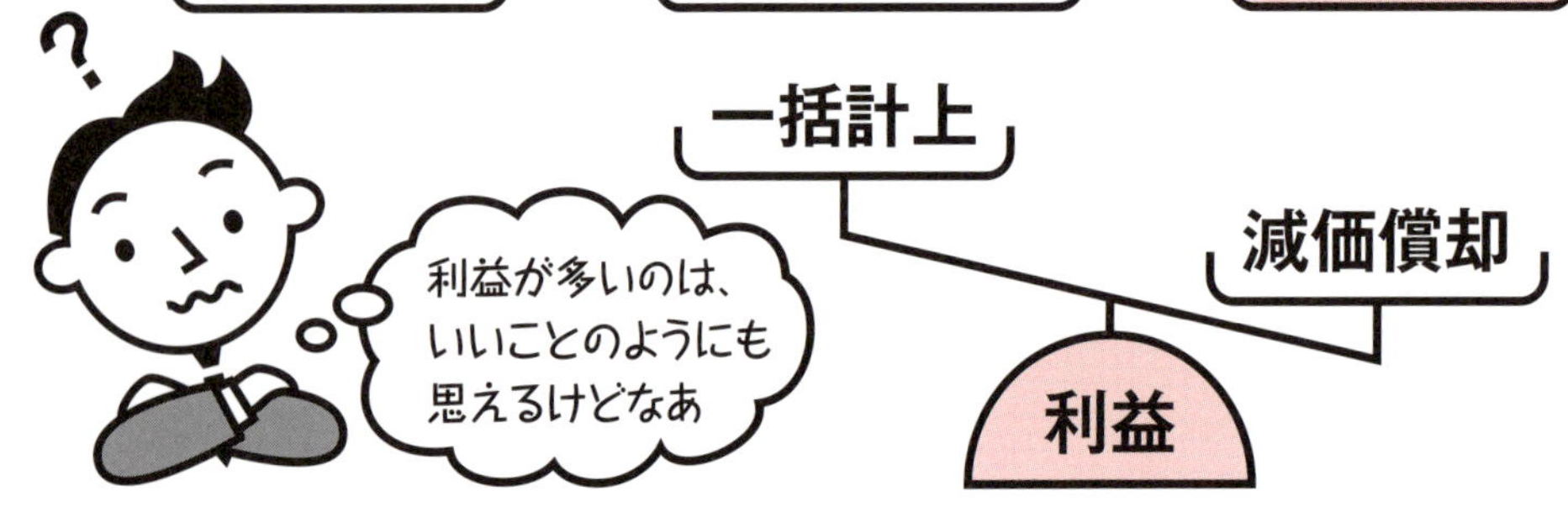

利益が多いのは、いいことのようにも思えるけどなあ
一括計上
減価償却
利益

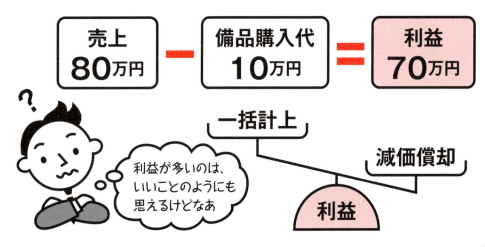

が一〇万円だけだった場合、会計上の利益は次のようになります。

収益		費用		利益
八〇万円	−	一〇万円	＝	七〇万円

このとき、法人税率を三〇％とすると、納める税金は次の通りになります（ここでは話をわかりやすくするために「利益＝所得」と仮定）。

利益＝所得		税率		法人税
七〇万円	×	三〇％	＝	二一万円

よって、**手元に残るお金は三〇万円なのに、税金を二一万円も支払わなくてはいけないという厳しい状況に陥ってしまう**ことになります。

一方、その年度に五〇万円すべてを費用として計上した場合（実際にはできない）の会計上の利益は、「八〇万円－五〇万円＝三〇万円」となり、企業が支払うべき法人税は「三〇万円×三〇％＝九万円」と少なくて済みます。そして、**手元に残るお金は、「三〇万円－九万円＝二一万円」と、減価償却で毎年少しずつ計上していく場合より一二万円も多くなる**のです。

つまり、キャッシュフロー（会社から出入りするお金の動き）だけを考えれば、備品の購入金額はその年度に一括して費用として計上できたほうがいいのです。

② 利益が大きくなると納税額が増える

● 法人税率を30%とすると……

利益＝所得		税率		法人税
70万円	×	30%	＝	21万円

● 備品購入代50万円を一括計上した場合……

利益		税率		法人税
30万円	×	30%	＝	9万円

減価償却よりも、一括計上だと12万円もお得になるのです

POINT 会社から出入りするお金の動きに着目すると圧倒的に費用一括計上がお得！

＊＊＊ No. 42

購入金額が一〇万円未満なら、「少額減価償却資産」にできる

購入金額が一〇万円未満なら「損金」になる

購入金額を一括で計上するか、毎年少しずつ計上していくかは、会社が自分で勝手に決めることはできません。**どのように費用を分割し、毎年いくらずつ計上するかは、税法で細かく決められている**のです。

古くなった車やパソコンを買い取りに出す場合を考えてみればすぐわかるように、どんな固定資産でも時間の経過によってその価値は減っていきます。

そこで毎年残っている**資産価値がいくらか簡単に計算できるよう、税法では資産の種類ごとに「耐用年数」を一律で決めています。**その一覧表を見れば、「この減価償却資産は何年で分割すればよいか」がすぐにわかるのです。

たとえば、パソコンの耐用年数は「四年」です。

会社が勝手に「うちでは大事にして十年間使うから、耐用年数を十年にして計算しよう」などと決めることはできません。

また、価値がどれくらいの割合で減っていくかを計算する方法も決められています。これには、**毎年同じ額が減っていく「定額法」**と、**毎年同じ率で減っていく「定率法」**の二種類があり、それぞれで償却した場合の「償却率」も一覧表になっています。会社の経理が効率的に減価償却の処理を行なえるようなルールと仕組みが用意されているのです。

一〇万円未満の備品は「少額減価償却資産」になる

とはいえ、すべての固定資産を減価償却することになれば計算が大変です。

固定資産には小さな工具や事務用の備品まで含まれるので、それをいちいち減価償却費として計算していれば、経理担当者は膨大な時間を作業に費やさなくてはいけません。

そこで税法では**「少額減価償却資産」という例外を認めています。**

次の条件に当てはまるものは、減価償却をせず、取得金額をそのまますべて経費（＝損金）として計上してよいことになっているのです。

- 使用可能期間が一年未満のもの
- 取得金額が一〇万円未満のもの

つまり、固定資産であっても、一〇万円未満のものであれば、取得した年度に損金として一気に計上することができるのです。

ここに、多くの会社が社内規定で定めている「備品購入の領収書は一〇万円未満にすること」の根拠があります。

一〇万円以上の備品が「減価償却資産」となってしまうために、取得年度には一部（税法で定められた減価償却費分のみ）しか損金にならないのに対し、**一〇万円未満の備品は「少額減価償却資産」になるので、取得年度に全額損金として計上できる**のです。

だから会社も、備品の購入はできるだけ一〇万円未満にするようルールを決めているわけです。

No. 42 CHECK

減価償却の仕組みとは？

何年に分けて、どんな割合で償却するのか？

耐用年数　費用を何年で分割するのか法律で決められている（会社の都合では変えられない）

償却方法　価値がどれくらいの割合で減っていくか

6年
事業用自動車
4年
パソコン

① 定額法

● 毎年同じ金額で計上

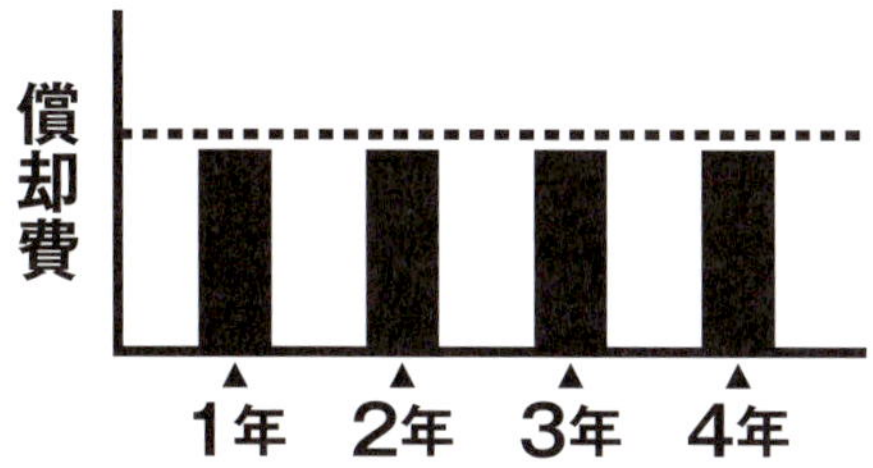
償却費
1年
2年
3年
4年

② 定率法

● 計上額が年々減っていく

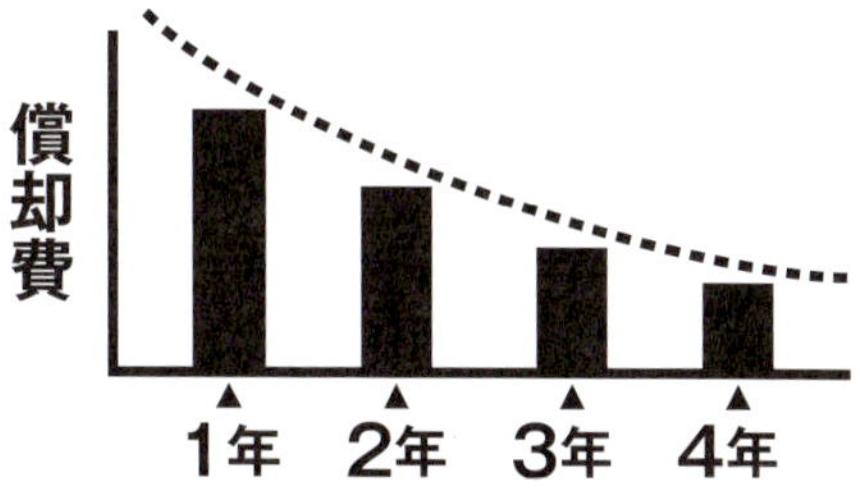
償却費
1年
2年
3年
4年

経理担当者の救いの神「少額減価償却資産」

● 使用可能期間が1年未満
● 取得金額が10万円未満

取得価額をすべて損金として一括計上できる！

納税額も減り、
経理の仕事も
ラクになります

POINT

10万円未満の備品なら「節税」「経理の負担軽減」のメリットがある

No.43

知らなきゃ損する特例、「特別償却」

中小企業なら、三〇万円未満まで損金になる

「一〇万円以上、二〇万円未満」のものについては、同じ年度に使い始めた減価償却資産を一括し、その取得金額の合計を三分の一ずつ、三年間で計上することができます。備品の耐用年数は四～五年以上とされているものが多いので、三年間で計上できれば、その分一年ごとに費用として計上できる減価償却費は大きくなるので、これも会社の負担を減らすためのルールと言えます。

会社によっては、領収書の扱いについて「一〇万円未満」に加え、「二〇万円未満」のラインでも、何らかの内規を定めているところがあるかもしれません。

さらに、小さな規模の会社については、**「中小企業等の少額減価償却資産の取得金額の損金算入の特例」**というものが認められています。これは「資本金が一億円以下で、従業員数が一〇〇〇人以下の中小企業（ただし、大企業の子会社を除く）では、年間合計三〇〇万円を限度として、取得金額が三〇万円未満の減価償却資産は全額を損金として計上できる」というものです。

現時点では「平成三十年三月末までに取得したもの」という条件がついていますが、これが中小企業経営にとってメリットが大きいと判断されれば、今後も継続されるでしょうし、損金として計上できる額が増やされる可能性もあります。

また、**政府が景気刺激策や中小企業支援の一環として、減価償却に特例を設けることもあります**。これを**「特別償却」**と呼びます。

中小企業の設備投資を促すために、一定の機械や装置を購入すると、減価償却の枠を増やすことを認める「中小企業等投資促進税制」などはその一例です。

つまり政府は「税金を減らすので、どんどん設備投資をして経済を活性化してくださいね」と言っているのです。

減価償却費は「損益計算書」に記載される

この項の最後に、会計の基礎知識の解説を少ししておきましょう。

通常、会社が業務に必要なものを購入した場合、そのためにかかった費用は「損益計算書（P／L）」に記載されます。損益計算書はその名の通り、会社がその年度にどれだけの「利益（損失）」を出したかを計算したものです。

では、会社が「減価償却資産」を購入した場合はどうなるでしょうか。この場合、会社の財政状態を表にした「貸借対照表（B／S）」の「資産」の部に載せることになります。

たとえば、会社がパソコンを買った場合、その購入代金となったのは、もともと会社が持っていた現金や預金、つまり「資産」です。そして、購入したパソコンも「資産」ですから、会社としては損失も利益も出していないというわけです。よって、損益計算書に載せるのはおかしいということになります。

一方、その年度に減価償却費になった分は損益計算書に記載されます。つまり、費用に毎年分割して計上される分だけ、貸借対照表の「資産」から金額が減っていき、代わりに損益計算書に「費用」として計上されるのです。

No. 43 CHECK

会社の負担を減らすためのルールと特例

「10万円以上、20万円未満」に適用されるルール

● 同じ年度に取得したものを合計し、3年間で均等償却できる

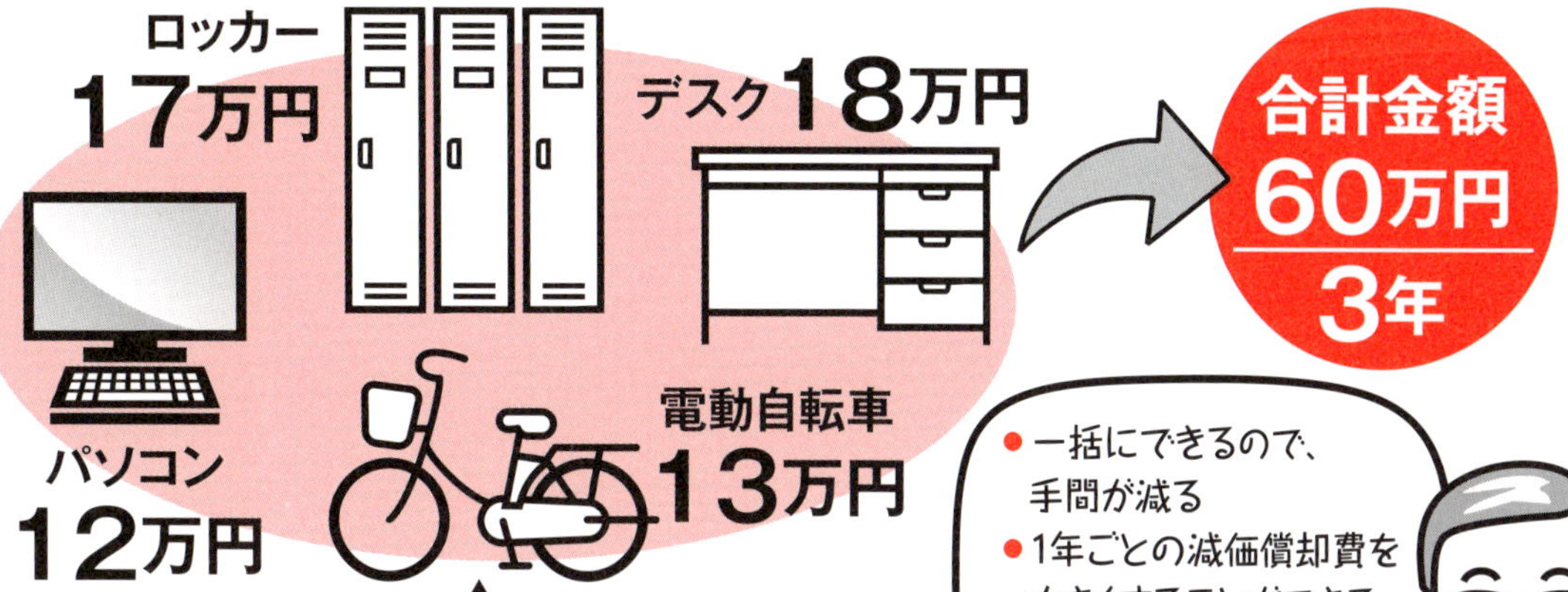

2016年度購入、
10万円以上、20万円未満

● 一括にできるので、手間が減る
● 1年ごとの減価償却費を大きくすることができる
など、会社の負担を減らすためのルールなのです

中小企業などはさらにお得な特例も!

特例 30万円未満のものは、300万円まで全額損金として計上できる!

中小企業のメリットが大きいとなれば、今後も継続され、計上できる額も大きくなるかもしれません

その条件は…
● 資本金1億円以下
● 従業員数1000人以下
● 平成30年3月末までに取得したもの

税金を減らすので、どんどん設備投資をして経済を活性化してください

POINT
特例を生かすために細かな社内規定があることもある

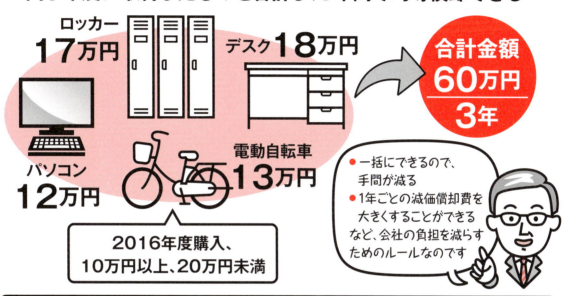

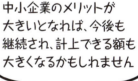

＊＊＊ No.44

年度末に購入した備品を、「経費」として落とせないケースがある!?

年度末に大量購入した備品は、「資産」と見なされる可能性あり

年度末が近づいてくると、会社のなかでこんな会話が交わされることはないでしょうか。

「今年度は予想以上に売上が好調で、利益も昨年より大幅に増えそうだな」

「でも、利益が増えると、税金で持っていかれる額も増えるんですよね」

「だったら、今年度の経費を増やせば節税できるんじゃないか？　コピー用紙なんかは、どうせ来年度も必要なんだから、前倒しでたくさん買って年度内の日付の領収書をもらっておけば、今年度の経費として計上できるだろう」

かくして、オフィスの倉庫室に大量のコピー用紙が山積みにされることに……。

しかし、この節税の仕方には少々注意が必要です。

場合によっては、このコピー用紙代が**その年度の「経費」として認められない可能性があるからです。**ほかにも、新幹線の回数券や切手などを年度末に大量に買いだめする会社がありますが、同じく認められない可能性があります。

なぜなら、**作業用消耗品や包装材料などを一度に大量購入した場合、それを「費用」ではなく「資産」として計上**しなくてはいけないケースがあるからです。

節税目的ではなくても、たとえば期末に「セールで安かったから」という理由で、事務用品を大量にまとめ買いしたとします。しかし、社内にまだ在庫があれば、新たに買った分は年度内には使用しないはずです。

「三月だけでこんなにカートリッジを買っているけれど、これを本当に年度内に使うんですか？」と問われれば、「いいえ」と答えるしかありません。

すると、**税務署がこれを「貯蔵品」と解釈する**可能性が出てくるのです。

貯蔵品であれば、未使用分の事務用品は「資産」として計上しなければいけません。すなわち、その年度の「経費＝損金」にできなくなってしまいます。

毎年度、一定量を購入して経常的に消費するものや、少額のものであれば、資産になることはありません。

しかし、数十万円から数百万円単位の金額になると、税務署の指摘を受ける可能性が高くなります。

いずれにせよ、**年度末に来年度以降のものを前倒しで買っても、必ずしも今年度の節税にはならない**ことを理解しておきましょう。

オフィスの改修費が「資産」に見なされることも

もう一つ、**「これは経費か、資産か」の議論になりやすいのが、「修繕費」**です。

古くなったオフィスをリフォームしたり、設備を改修したりする場合、その目的によって、税務署の解釈が違ってくるからです。

目的が「現状と同等の性能を維持するため」であれば、それは単なるメンテナンスと見なされ、「修繕費」として処理できます。

しかし、**目的が「今より性能や機能を向上**

No. 44 CHECK

「費用」と「資産」のボーダーラインはどこ？

POINT

数十万円から数百万円単位の大量購入は税務署から指摘を受ける可能性がある

させること」であれば、その費用は修繕費にはなりません。「新たな資産を取得した」と見なされて、会計上も「資産」として計上することになります。

たとえば、事務所の窓枠がガタガタしてきたので、修理することになったとします。これまではかなり古い木製だったので、今度はアルミサッシを入れてもらいました。

これは果たして、「現状の維持管理」なのでしょうか、それとも「性能の向上」に当たるのでしょうか。

普通に考えれば「修繕」でもいいような気がしますが、税務上の解釈だと「木からアルミへ材質がグレードアップしたので、修繕費ではなく資産になる」と言われる可能性が高いケースです。

「これくらいで資産になっちゃうの⁉」と思うかもしれませんが、実際にこういう事例は多いのです。

自分たちは**単なるメンテナンスだと思って行なった修繕が、資産と見なされる可能性もある**ことは覚えておいたほうがよいかもしれません。

＊＊＊ No.45

中古車購入が節税対策になるって本当？

ベンツの購入金額を一年目ですべて計上する方法とは？

「最近、うちの社長が中古のベンツを買ったんだよ。本人は『節税対策だ』って言っているらしいけれど……」

中小企業に勤めている人から、こんな話を聞いたことはないでしょうか。

「どうして中古のベンツを買うことが節税になるの？」と疑問に思う人も多いはずです。

実はこの話、減価償却の仕組みやルールと深く関係しています。

先に、**減価償却の計算に使う「耐用年数」は、税法で細かく決められている**と述べました。

それを聞いて、「じゃあ、中古品を買った場合はどうなるの？　新品よりも使える年数は短くなるよね？」と疑問を持った人は、なかなか鋭いと言えます。

法律で決められた耐用年数がそのまま当てはまるのは、新品を購入した場合です。**購入したのが中古品なら、計算の方法が変わってきます**。

では、社長用の社用車として、四年落ちの中古のベンツを六〇〇万円で購入したとしましょう。

税法で決められた普通自動車の耐用年数は六年ですが、中古品の場合は耐用年数を次のように見積もることになっています。

・法定耐用年数をすべて経過している資産

→法定耐用年数 ×二〇％＝（中古品の）耐用年数

・法定耐用年数の一部を経過している資産

→（法定耐用年数－経過年数）＋（経過年数×二〇％）＝（中古品の）耐用年数

このケースでは、法定耐用年数の一部が経過しているので、このような計算式になります。

（六年－四年）＋（四年 ×二〇％）＝二・八年

ただし、一年未満の端数は切り捨てるので、この中古車の耐用年数は「二年」で計算できることになります。

次に、現行（二〇一六年十二月時点）の減価償却率表を見ると、耐用年数が二年の場合、「定率法」の償却率は「一・〇〇〇」です。

定率法では、その年に計上できる減価償却費を「まだ償却していない資産残高×償却率」で計算します。

つまり、この場合は「六〇〇万円×一・〇〇〇＝六〇〇万円」となり、年度初めに購入した場合には、購入したその年に代金の全額を損金として計上できることになるわけです。

購入した金額が大きいだけに、かなりの節税になるのは間違いありません。

もし、これが新車だったら、そのまま法定耐用年数の六年が適用されます。

耐用年数が六年の場合、定率法の償却率は「〇・三三三」です。

よって、新車を購入した最初の年に計上で

No. 45 CHECK

中古車と新車ではどのくらい違うの？

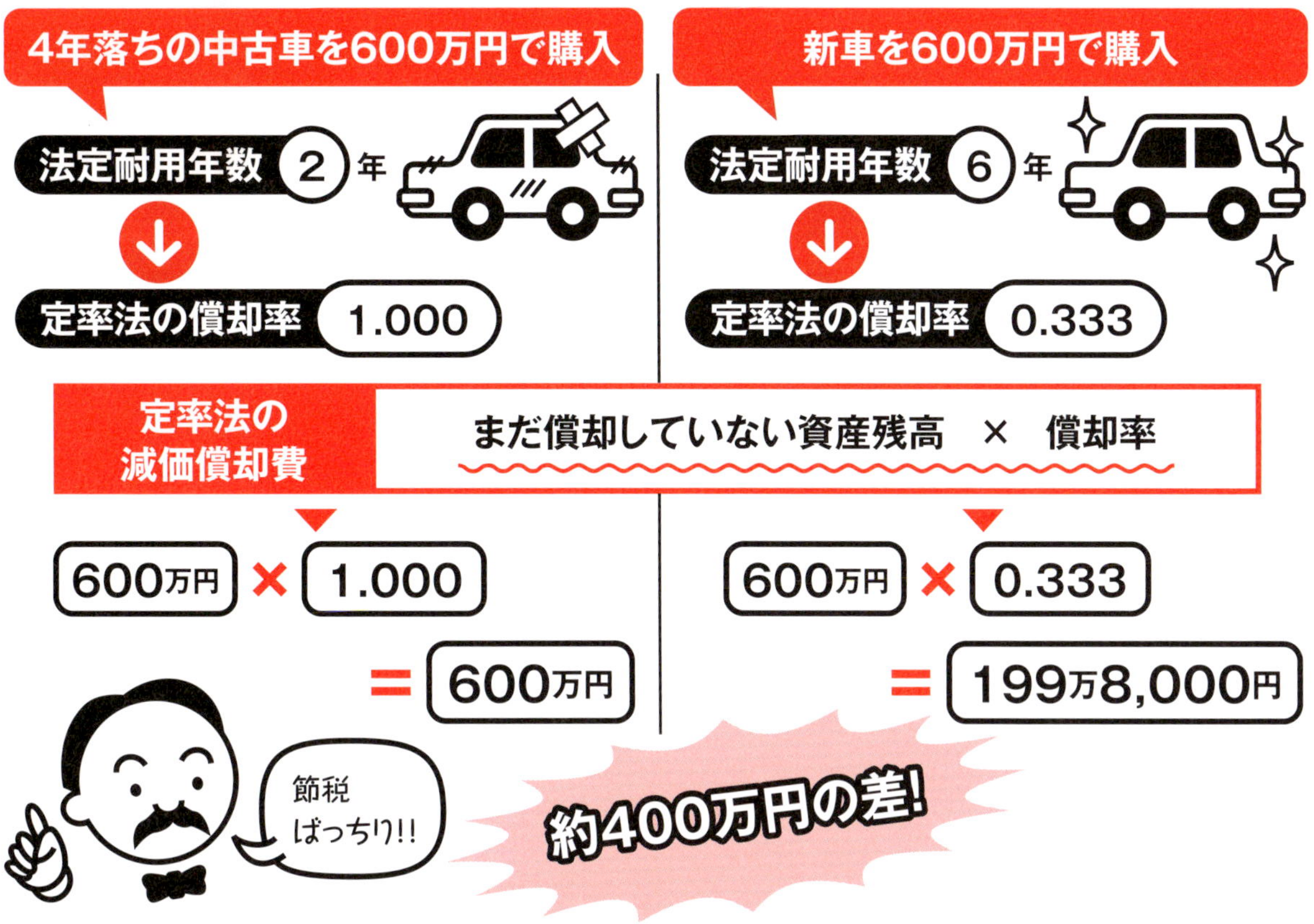

POINT 損金として計上できる額に大きく差が出る

きるのは、「六〇〇万円×〇・三三三＝一九九万八〇〇〇円」となります。

六〇〇万円をまるまる計上できる中古車と比べて、初年度に損金として計上できる額には大きな開きが出るわけです。

あなたの会社の社用車が中古車だったら、それは購入代金をケチっているわけではなく、節税対策である可能性が高いはずです。

オフィスのコピー機、税金面では「リース」と「購入」どちらがお得？

会社によっては、コピー機などをリースしているところも多いでしょう。

数年単位の長期で利用するリースは、購入した場合よりも支払い総額は多くなるのが一般的です。それでも会社がリースを選択するのは、「リース代は、全額損金となる」という税務上のメリットがあるからです。

もしコピー機を「購入」したら、減価償却費の分しか損金にはなりません。だったらコピー機はリースにして、その代金を損金として計上するほうが賢いやり方と言えるでしょう。

ただし、リースは中途解約ができないので、その点は注意が必要です。

もちろん、資金負担のことも検討してリースか購入かを決定しましょう。

意外と知らない「法人税」の基礎知識❶

法人税はいくらかかるの？

＊＊＊ No.46

日本の「法人税〝等〟」の実効税率は何％➡約三〇％

一般的には「法人税率＝三〇％」とされていますが、正しく言えば、これは「法人税〝等〟率」と呼ぶべき数字です。

会社の所得には、「法人税」のほかに、「法人住民税」「法人事業税」「地方法人特別税」などが加算されます。

これらを合わせて算出した理論上の税率を「実効税率」と言います。ニュースなどで「日本の法人税率は三〇％」と言っているのは、この実効税率のことを示しているのです。

しかし、この数字も「ざっくり言って、三〇％」というのが正しい表現です。

なぜ正確な数字を言い切れないかというと、法人住民税や法人事業税、地方法人特別税は、その会社の規模や地方によって異なるからです。

法人税も、資本金一億円超の企業であれば原則二三・四％ですが、中小企業の法人税率には軽減措置があります。

このように、**その会社によって適用条件が異なるため、実効税率の厳密な計算は非常に難しい**のです。

よって、一般的には今のところ「法人税率＝約三〇％」と認識されています。

「法人税率引き下げ」が議論されているのはなぜ？➡日本の法人税率は諸外国よりも高い

ここ数年、経済界を中心に「法人税率を引き下げるべき」という声が急速に強まってきました。二〇一六年の税制改正では、日本は約三〇％（二九・九七％）まで引き下げられ、ついに二〇％台になりました。

その背景には、**日本の法人税率が外国に比べてかなり高い**という現実がありました。日本より高いのはアメリカの四〇・七五％と、フランスの三三・三三％くらいで、ドイツは二九・七二％、イギリスは二〇・〇％です。アジアに目を向けると、中国は二五・〇％、韓国は二四・二％とやはり低い水準です。

このように**他国に比べて高い法人税率が、企業にとって大きな負担となり、日本企業の競争力低下を招いている**という見方が強まっています。また、日本企業でも、法人税率の低い国へ生産拠点を移すケースが増えています。

「このままでは日本国内の産業や雇用が空洞化し、日本経済は衰退する一方だ」とする意見が各方面から挙がっているのはそのためです。

日本政府は長らく「法人税率を引き下げれば、国の税収が下がる」として、この議論には消極的な態度を見せていましたが、二〇一一年度からは段階的な引き下げに踏み切りました。

ただし、法人税率引き下げによる経済効果が本当にあるかどうかは、専門家の間でも意見が分かれています。この流れがどこまで加速するか、今後の動きを注視していく必要があるでしょう。

No. 46 CHECK

日本の法人税率はどのくらい？

法人税率といってもひとことでは難しい

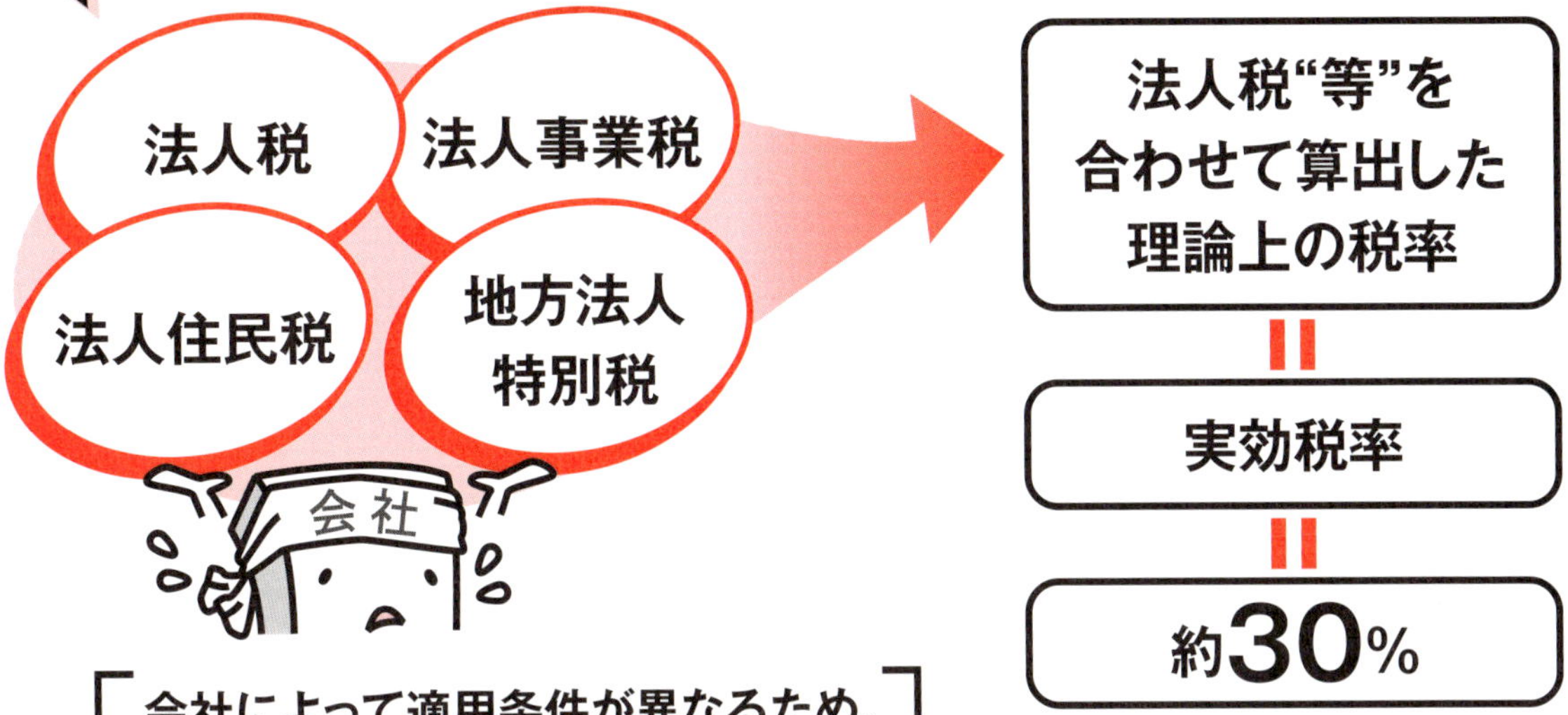
法人税
法人事業税
法人住民税
地方法人
特別税
法人税“等”を
合わせて算出した
理論上の税率
＝
実効税率
＝
約30%
会社

会社によって適用条件が異なるため、
実効税率の厳密な計算は難しい

諸外国と比べてみると？

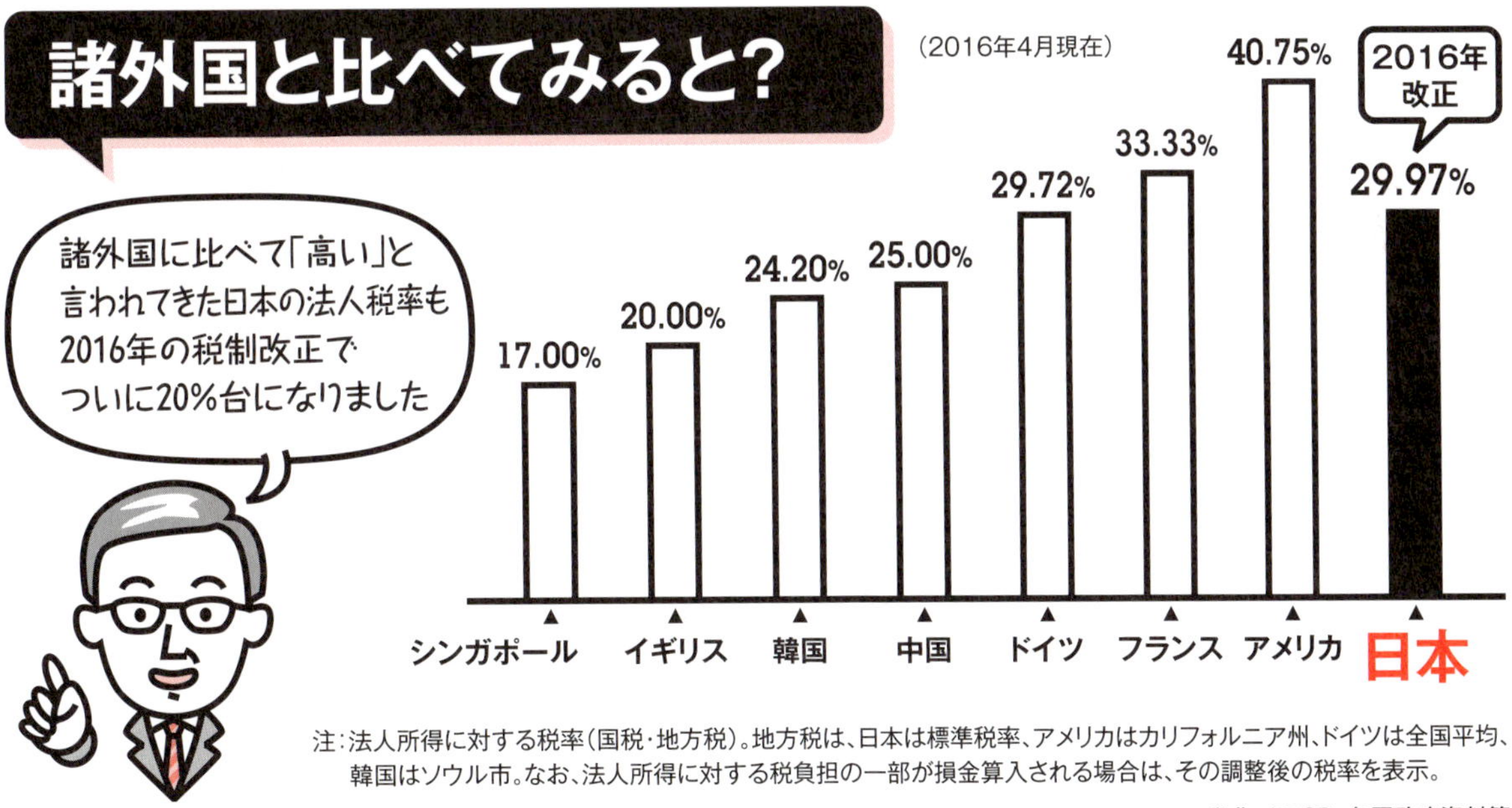
（2016年4月現在）
諸外国に比べて「高い」と
言われてきた日本の法人税率も
2016年の税制改正で
ついに20%台になりました
17.00%
20.00%
24.20%
25.00%
29.72%
33.33%
40.75%
2016年
改正
29.97%
シンガポール
イギリス
韓国
中国
ドイツ
フランス
アメリカ
日本

注：法人所得に対する税率（国税・地方税）。地方税は、日本は標準税率、アメリカはカリフォルニア州、ドイツは全国平均、韓国はソウル市。なお、法人所得に対する税負担の一部が損金算入される場合は、その調整後の税率を表示。

出典：OECD、各国政府資料等

POINT

**法人税率が今後どうなるか、
注視していく必要がある！**

意外と知らない「法人税」の基礎知識❷
決算が赤字のときはどうなる？

＊＊＊ No. 47

会社は年に何回、税金を納めているの？↓税金の申告と納付は年一回か二回

法人税の計算は、事業年度ごとに行なわれます。この事業年度の期間は、各企業が自由に決めることができますが、ほとんどの場合は「一年」です。

その理由は、**税務申告を必ず一年ごとにしなくてはいけないと法人税法で決まっている**からです。

事業年度そのものは、別に二年や三年にしてもかまわないのですが、結局は一年単位で税金の計算をしなくてはいけないので、企業の会計年度も一年にしたほうが無駄がなくて効率的だということです。

ただし、その一年を「いつからいつまで」で区切るかは、会社によって異なります。

もっとも多いのは「四月一日から三月三十一日」で区切る「三月決算」の会社ですが、これは国や行政の会計年度に合わせているためです。ほかにも十二月決算や九月決算、二月決算の会社も比較的多く見られます。

事業年度の最終日が「期末」と呼ばれるわけですが、**会社は期末日の翌日から二カ月以内に決算書と法人税申告書を作成し、税務署に提出して、納税まで済ませなくてはいけません**。三月末が期末の会社であれば、五月末までということになります。

これが**「税務申告」**と呼ばれるものです。

ただし、会計監査人の監査が必要な大企業などは、届けを出すと一カ月の延長が認められます。それでも最長で三カ月以内には、申告と納税をする必要があります。また、延長そのものは認められても、納税が一カ月遅れることには変わりがないので、この場合は追加で利息や延滞金に相当する税金を支払うことになります。つまり、本来の納税はやはり期末日から二カ月以内に行なうのが原則だということです。

法人税額が二〇万円を超えた会社は、次の年度から「中間申告」が必要となります。これは事業年度の期首から六カ月の期間で中間の申告をする制度です。

中間申告が必要な会社は、その期限から二カ月以内に、「前事業年度に納付した法人税額の二分の一」を納めます。これを「予定納税」と言います。

もう一つ、中間決算には「仮決算」という方法もあります。その半年の実際の業績に基づいて税金を申告することができるのですが、前年度より本年度の業績が急激に下がった場合などは、中間申告で納める法人税が〇円になるケースもあります。

つまり、会社が税金を納める回数は、中間申告で納税が必要となった会社は「年二回」、中間申告が必要ない会社や中間申告をしても納税額が〇円になった会社は「年一回」ということになります。

決算が赤字のときはどうなる？↓法人税はかからない。しかも、赤字は一定期間繰り越せる

決算の結果、課税対象となる所得が赤字になれば、法人税はかかりません。

また、**赤字になった額は、次の事業年度から一定期間繰り越すことも可能**です。

たとえば、前年度の決算では一〇〇〇万円の赤字だった会社が、今年度は五〇〇万円の

No. 47 CHECK

法人税はどのタイミングで納付するの？

事業年度が1年ごとのわけ

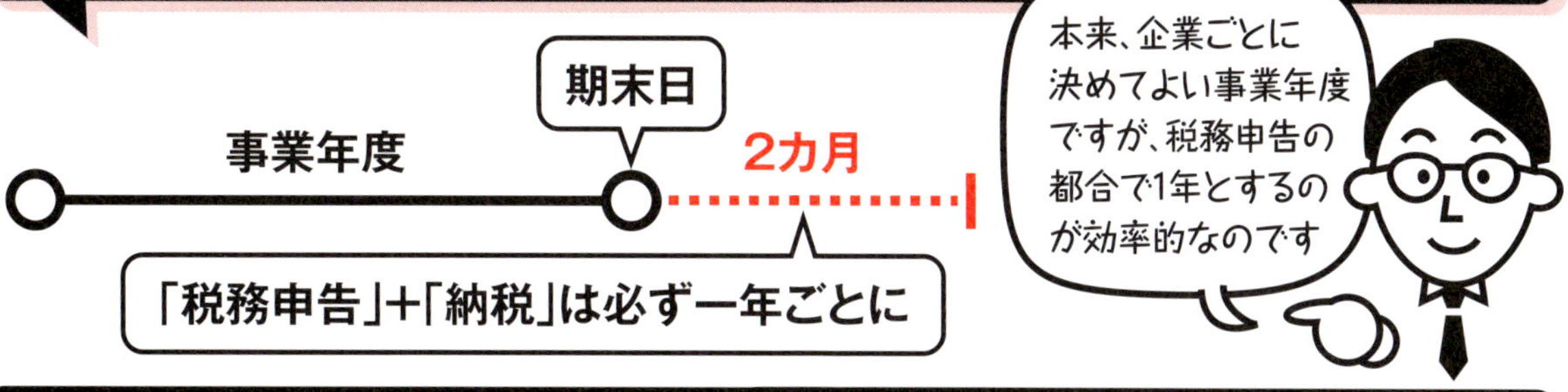
期末日
事業年度
2カ月
「税務申告」＋「納税」は必ず一年ごとに
本来、企業ごとに決めてよい事業年度ですが、税務申告の都合で1年とするのが効率的なのです

赤字となってしまった場合は法人税はかからない

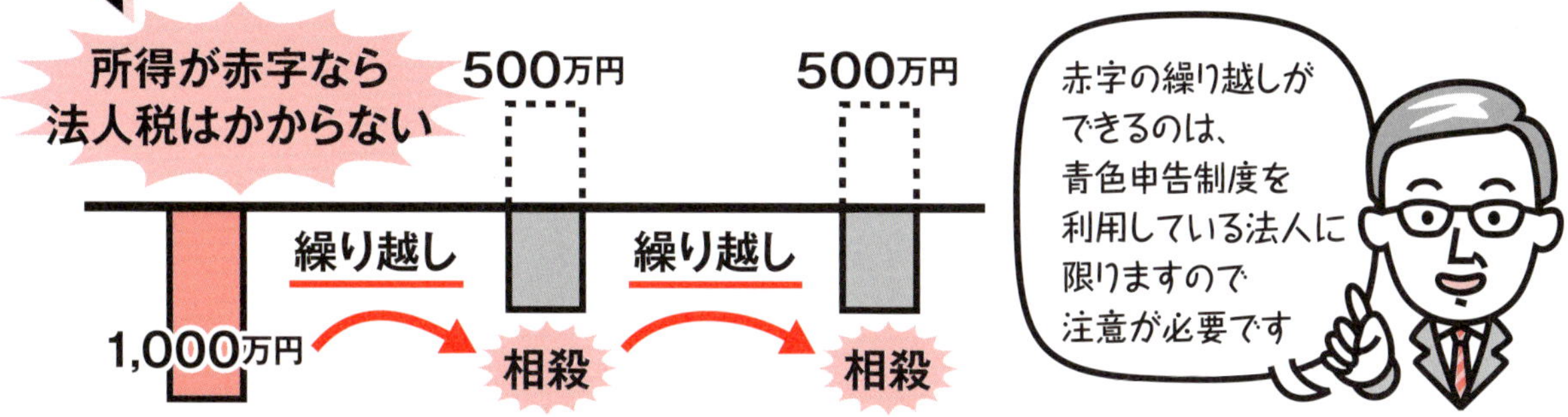
所得が赤字なら法人税はかからない
500万円
500万円
繰り越し
繰り越し
1,000万円
相殺
相殺
赤字の繰り越しができるのは、青色申告制度を利用している法人に限りますので注意が必要です

POINT

法人税にもさまざまなルールや特例があると知っておこう！

黒字になった（＝所得が発生した）とします。

本来ならこの五〇〇万円に法人税率をかけた数字が、今年度の納税額になります。しかし、前年度の赤字一〇〇〇万円のうち五〇〇万円を繰り越せば、プラスマイナスでゼロになって、今年度は法人税を納めなくてよいのです。

さらに前年度の赤字は五〇〇万円残っていますから、また次の年度に繰り越すことができます。加えて**中小企業の場合、直前の事業年度に法人税を納めていれば、今年度の赤字分を還付してもらえる制度もあります。**

（※注　繰り越せる赤字額は、「大会社の場合は、二〇一六年現在の六〇％から段階的に五〇％まで縮減」としている）

「ずいぶん甘いんじゃないの？」と思うかもしれませんが、これは事業年度の区切り方によって、不平等が生じるのを防ぐための措置です。

毎年安定して利益を出している会社と、年度によって利益の変動が大きい会社では、年度ごとに見れば納税額に大きな差が出ます。

しかし、この繰り越し制度があれば、ある一定期間の両者の通算所得が同じだった場合、納める税金も同じということになります。よって、「会社ごとの有利不利がなくなる」というのが、繰り越し制度の根拠とされています。

ただし、この制度を利用できるのは、**青色申告制度を利用している法人**に限られますので注意してください。

【著者略歴】

梅田泰宏（うめだ・やすひろ）

1954年、東京都生まれ。公認会計士・税理士。中央大学商学部卒。78年、監査法人中央会計事務所（のちに、みすず監査法人に改称）入社。83年、梅田公認会計士事務所を設立。以来、単なる簿記会計だけにとどまらない、幅広い企業コンサルティング活動を展開。2004年、企業に対するワンストップサービスをよりスピーディーに行なうため、社会保険労務士、司法書士との合同事務所「キャッスルロック・パートナーズ」を設立。現在、約250社に及ぶ中堅・中小企業並びに外資系現地法人に対し、財務指導から税務業務まで幅広くサポートしている。

著書に、『経費で落ちるレシート・落ちないレシート』（日本実業出版社）、『マンガでわかる 親子で読む 絶対もめない！ 相続・生前贈与』（実業之日本社）、『これだけは知っておきたい「税金」のしくみとルール』（フォレスト出版）ほか多数。

装丁　片岡忠彦

本文デザイン　宮澤来美

図版・イラスト　桜井勝志

本書は2015年6月刊『新「領収書・経費精算」の常識』（ＰＨＰ文庫）を改題し、加筆・修正を加え再編集したものです。

［図解］

知らないとヤバい！ 領収書・経費精算の話

2017年2月3日　第1版第1刷発行
2018年6月28日　第1版第3刷発行

著　者　梅田泰宏
発行者　後藤淳一
発行所　株式会社ＰＨＰ研究所
東京本部　〒135-8137　江東区豊洲5-6-52
CVS制作部　☎03-3520-9619（編集）
普及部　☎03-3520-9630（販売）
京都本部　〒601-8411　京都市南区西九条北ノ内町11
PHP INTERFACE　https://www.php.co.jp/
編集協力
組　版　株式会社ＰＨＰエディターズ・グループ
印刷所　大日本印刷株式会社
製本所　東京美術紙工協業組合

ISBN978-4-569-83271-5